尽善尽美 弗求弗迪

永远没有舒适区

华为HR奋斗生涯手记

悦笙 著

电子工业出版社
Publishing House of Electronics Industry
北京·BEIJING

未经许可，不得以任何方式复制或抄袭本书之部分或全部内容。
版权所有，侵权必究。

图书在版编目（CIP）数据

永远没有舒适区：华为HR奋斗生涯手记 / 悦笙著. -- 北京：电子工业出版社，2023.2
ISBN 978-7-121-44711-2

Ⅰ.①永… Ⅱ.①悦… Ⅲ.①通信企业—企业管理—人力资源管理—经验—深圳 Ⅳ.①F632.765.3

中国版本图书馆CIP数据核字(2022)第244912号

责任编辑：黄益聪
印　　刷：三河市鑫金马印装有限公司
装　　订：三河市鑫金马印装有限公司
出版发行：电子工业出版社
　　　　　北京市海淀区万寿路173信箱　　邮编：100036
开　　本：720×1000　1/16　印张：15　字数：206千字
版　　次：2023年2月第1版
印　　次：2023年2月第1次印刷
定　　价：59.00元

凡所购买电子工业出版社图书有缺损问题，请向购买书店调换。若书店售缺，请与本社发行部联系，联系及邮购电话：（010）88254888，88258888。

质量投诉请发邮件至 zlts@phei.com.cn，盗版侵权举报请发邮件至 dbqq@phei.com.cn。

本书咨询联系方式：（010）57565890，meidipub@phei.com.cn。

序章：华为的动力之源

人们都说，毕业后的第一份工作如同初恋，不管今后能否走到天长地久，那份青春的激情和单纯的热爱总是最令人难忘的。对我来说，华为就是我的初恋。我人生的许多第一次，都与这个曾经默默耕耘数十年而今已惊艳世界的通信设备巨头密不可分，华为甚至至今还影响着我的某些思维方式和行为模式。

我与华为的缘分很奇妙。在我还不太清楚这个企业到底是干什么的时候，我就被华为人默默影响着。因为我出生、成长的地方就是如今被称为"华为高管渊薮"的华中科技大学（原名华中理工大学，以下简称华科），而从院系关系上算，如今家喻户晓的孟晚舟是我的大师姐，所以我对华为的认识是从认识华为人开始的。

华科一向是优秀工程师的摇篮。凭借其在机械、电信、电子、自控等专业的优良口碑，从华为建立之初，华科就成为华为重要的人才来源地之一。每年不仅有大批的华科毕业生进入华为工作，不少华科的教师也与华为有紧密的项目合作，有些甚至被华为直接高薪挖到公司成为技术专家和管理者。有了一届又一届华科老师和师兄师姐们的传帮带，华科校友遍布华为的每个业务领域。因此也就不难理解，为什么华为高管中华科校友占比远高于其他院校了。而将我领进华为大门的人，正是一位见证华为成长的"公司元老"，同时也是一位看着我长大的长辈。她曾任华科管理学院院长、党委书记，退休后被华为高薪聘请进公司主持人力资源部的相关改革。

从小到大，我逢年过节都会随着父亲拜访这位长辈，谈论的话题总离不开华为和华为的文化。每当她很热情地讲起华为人的奋斗，讲起老板任正非的传奇，讲起华为海外拓展那些激动人心的案例时，我都会对华为和华为人产生无比的好奇：这到底是一家什么样的公司和一群什么样的员工，就连一个退休老人都能如此激昂澎湃，充满奋斗的活力？

当我硕士毕业，面临读博还是工作的选择时，也是与这位长辈的一番交谈让我改变了读博的打算，进入华为人力资源部做了一名 HR，从此开始深入华为的奋斗生活，接触并认识了形形色色的华为人。

进入华为后，我的第一个岗位是华为的新员工培训中心的华为核心价值观的课程 Owner①。当时的新员工培训中心里，和我一起共事的全都是工号 4 位数以下的老员工，而我的第一任业务导师是一位工号 382 的老销售②。当时作为初出茅庐的新员工，我对华为的愿景、使命、战略和各种管理改革所蕴含的实际意义并没有深刻的感受，纯属囫囵吞枣，再依葫芦画瓢。但和这些伴随华为发展成长的老员工一起工作，却让我对华为的奋斗文化在华为人身上所刻下的烙印留下了极为深刻的印象。

2008 年，华为出台相关政策，让在公司工作 8 年以上的老员工重新述职竞岗，然后换工号再上岗，我所在部门的绝大部分员工都被波及。可当时除了个别老员工因这个政策伤感得潸然泪下，绝大多数人都是每天该干什么干什么，办公室里依然一片繁忙景象，完全没有任何人心浮动、人浮于事的现象。

---

① Owner：相当于流程管理负责人，课程 Owner 就是课程负责人，是华为内部的特有称呼。
② 华为的工号都是按入职的先后顺序排列的，绝不重复。中间若有人离职，工号也不会重复使用，而是直接空缺。工号数字越小意味着入公司时间越长，在公司的资历越老。因此在 2008 年华为老员工买断工龄换工号之前，华为内部十分流行工号崇拜，工号越小越受人尊重。

到了换工号办手续那天，这些老员工大都只将自己的办公桌简单收拾收拾，连平常用的便携①都照常拎回家，和平常去休个十一长假没什么区别。中午在公司食堂吃饭时，他们甚至还笑嘻嘻地轻松调侃着假期计划。有的说，入公司这么久，攒了那么多的假，总没时间休完，这下终于可以安心休一次长假了，打算带家人在国内外转转；有的则说，本来房贷还需要10年还清，这下公司一次性补了这么多钱，可以提前甩掉一座大山了。谈笑间一切都风轻云淡。

当时正值新员工入职高峰，老员工休假了，我作为部门为数不多不受政策影响的新员工自然是忙得脚不沾地，天天在深圳坂田基地的培训中心里加班加点地工作，回宿舍连开电脑的时间都没有，倒头就睡。而在工作时间，由于华为的内网和外网截然分开，也就无暇顾及外面的新闻。直到这些老员工大部分都重新办好入职手续回来，我才总算得空出基地，去深圳市区内拜访一下亲戚朋友。而直到此时我才发现，华为内部的这一政策早就在各种头条上炸了锅，在天涯论坛上各种揣测和讨论甚嚣尘上，和华为内部那种静水潜流、紧张有序的工作气氛完全是两重天。

后来我曾问过曾经工号382的导师："外界都说华为的这一政策太无情了，你不觉得吗？"而导师给我的答案至今让我记忆犹新。他说，在华为干了这么久，这种管理改革和人事变动每隔三五年就会来一次，早习惯了。反正不管如何波动，公司从来不会亏待一个为公司做贡献的人。所以，只要我认真干好我的工作，完成好我的KPI，怎么变都不怕。

后来我在公司各部门几经辗转，从培训中心到人力资源部，从总部的坂田基地到马里的代表处，见识了不同地区、不同岗位上的华为奋斗者们，也经历了大大小小十多次的组织调整和变革，发现像我这位导师一样对公司抱

---

① 华为内部对笔记本电脑的专用称呼。

有笃定信念，几乎是华为奋斗者们的共同特质。

电视剧《亮剑》[①]中有句话，一支部队的气质与性格和首任军事主官有关。这句话对华为来说，对，但不全对。

不可否认，在华为创立之初，公司发展的精神动力的确来自创始人任正非的个人魅力。也不可否认，直到现在，在公司内部，任总远比对外表现得更为高调、存在感更强。总裁办经常下发的任总会议讲话和他所主持撰写的文章到现在仍然是公司管理改革的航标灯。但也需要看到，毕竟现在华为已经是一家代表处、办事处和研究所遍布全球，拥有数十万名来自不同国家、不同地区员工的跨国公司，一天24小时在全球任何一个时区都有华为员工在工作，因此他们的工作状态并不能直接受到老板的影响和约束，甚至就连公司机关对许多地区来说也是"天高皇帝远"，但这并不妨碍这些不同背景的奋斗者传达出某些相似的品质。而这就不仅仅是因为任正非的人格魅力了。

记得我进华为之初，华为对其文化核心的总结是"愿景、使命、战略"，尚且没有所谓的核心价值观。后来经过公司高层对公司发展的慎重考虑，去掉战略，改为六条四字价值观[②]。进行这一改变时，有些老员工觉得遗憾，认为这六条似乎太普通了些，有东拼西凑的味道，还不如之前对华为战略[③]的四条表述更具华为特色。这个问题也一直萦绕在我心中多年。直到我离开华为，接触到更多其他不同类型的公司后才发现，华为这六条价值观虽然朴实无华，但能把每一条都落实到公司业务实践和管理实务中，并形成强大的团队力量，这样的公司是不多见的。那些华为的老员工之所以觉得这六条太普通，完全

[①] 《亮剑》热播时曾一度成为任正非在公司内部极力推荐观看的作品，他在许多讲话中都提到了亮剑精神。因此那一时期，公司十分流行《亮剑》语录。
[②] 华为核心价值观：成就客户，艰苦奋斗，自我批判，开放进取，至诚守信，团队合作。
[③] 华为曾经的战略表述为：为客户服务是华为存在的唯一理由；客户需求是华为发展的原动力；质量好、服务好、运作成本低，优先满足客户需求，提升客户竞争力和盈利能力；持续管理变革，实现高效的流程化运作，确保端到端的优质交付。

是因为这些精神早已是烙印在他们心中的共识，正因习以为常才觉得平淡无奇，却没有意识到这种共识的形成所带来的惊人力量。

学过中学物理的人都知道，一部发电机能持续不断地输出电流，所依据的是法拉第的电磁感应原理——只有当磁场和线圈不断进行切割运动时，才能持续产生电流。同样是谈奋斗、谈贡献、谈改革，任总的睿智之处在于，总是不断地将自己对奋斗者的期望和对企业的期望以制度化的方式进行输出，形成一整套能激发华为这台机器持续输出能量的磁场——"以奋斗者为本"的人力资源体系。此外就是不断将公司的组织进行淘汰、补充、分解、重组，从而驱动华为庞大的员工队伍在这个磁场中做切割运动，进而产生一个具有向心力的奋斗者群体。在这种制度和人的共同作用下，华为便像一台良性运转的发电机，能产生强大的能量。

如今华为的光彩惊艳世界，许多人都喜欢谈论华为，学习华为，却鲜少有企业能真正将华为的经验化为己用并取得成功。

有些企业觉得华为的内部股权分配是个好东西，希望通过推行内部股权分配达到留住人才、提高凝聚力的目的，结果股权分下去了，非但没能留住想留的人，反被那些持有股份的员工所挟持，尾大不掉，而企业经营者也因此被搞得五劳七伤。

有些企业觉得华为提倡"艰苦奋斗"很值得学习，也学着任总天天在公司会上向员工谈贡献、谈奋斗，结果员工表面积极，实际却嗤之以鼻，反响寥寥。

还有些企业老板想学习华为的绩效管理经验，在公司推行 KPI 考核制度，结果对实际业务的增长没有实质效果，反而搞得公司上下和"宫斗"似的，各种扯皮推诿踢皮球，制度推行一段时间之后便不了了之，回到了原来的管理轨道上。

这些在学习华为的路上所遭遇的惨痛教训，仿佛在告诉世人一个残酷的事实——华为的人力资源政策只有在华为的旗帜下才能闪闪发光，一旦离开了华为的蚌壳，就可能成了组织毒药，就连任总也在为数不多的公开讲话中反复笑谈：不要学华为。

但华为的人力资源管理经验真的不可学吗？绝对不是。华为的人力资源管理体系也并非任正非或公司的元老们自己拍脑袋想出来的独家秘方，其形成也非一蹴而就的，在其发展过程中同样不断吸收了大量国际大公司的成功经验。

在1998年华为开始大力拓展海外市场之时，任总就曾带领公司高层组团去美国和日本的著名企业参观学习。回来后，华为没有关起门来自己搞组织管理变革，而是与国外众多领域的专业管理咨询公司合作，对标世界最先进的管理理念和管理制度。

为此，华为邀请美国合益（Hay）集团的香港分公司帮助设计、指导实施人力资源管理制度。在借鉴IBM经验的基础上，与英国国家职业资格证书委员会（NCVQ）合作，在华为推行任职资格制度。这成为华为形成以任职资格为基础、以绩效与薪酬体系为核心的现代人力资源管理制度的重要基础。在财务领域，华为请普华永道（PWC）和毕马威（KPMG）帮忙设计财务体系，建立财务制度与账目统一、代码统一、流程统一、监控统一的制度。此外，还请德国国家技术应用研究所（FHG）的专家，帮忙设计华为的生产工艺和质量控制系统；请美国美世（Mercer）咨询公司，帮忙设计以客户需求为导向的组织变革方案，对内部管理架构进行调整。甚至为了保证这些新的流程制度不被曲解变形，还提出一个反常规的口号——削足适履，强调"先僵化，后优化，再固化"，要求所有员工严格按照这些先进管理制度改造自己，并接受这些进驻华为的外国管理咨询顾问们的监督和问询。在我进入华为时，还能在华为的培训中心看到那些金发碧眼的外国顾问的身影。

因此华为所采用的这些管理制度和流程，不仅通过华为的成功，证明了其优越性和合理性，同时也是许多国外百年名企积累百年的实践经验，所以具有普世价值和学习的可能性。

可是为何那么多人学华为都学栽了呢？据我观察，主要是三点原因：一是盲人摸象，二是刻舟求剑，三是闭门造车。

有些企业只被华为人力资源制度体系中的某一项所吸引，对华为的经验和管理制度理解片面、断章取义，看到配股激励好就学配股，看到绩效管理好就照猫画虎搞 KPI，没有全面了解华为每项制度的前后流程和支撑条件，结果便犹如盲人摸象，学成了似是而非的东西。

有些企业在学习华为经验时，没能分辨清楚，这些到底是过程性经验，还是成功实践后的总结性经验。看到华为某一历史时期采取了某种措施创造了一些特殊效果就拿来用，却忽略了当时华为采取这一措施的历史条件，也不知道随着时间的推移，华为对这个制度做了哪些方面的改进和变革，更没有好好评估自己企业的发展阶段是否适合采取相同的措施，而结果就是生搬硬套，一用就错漏百出。刻舟求剑自然永远跟在后面吃土，学不到真正的精髓。

有些企业经营者只看到华为的成就，学习时急功近利，在大谈管理改革时又舍不得下本钱。他们通常的做法便是用"高薪"（只是他们认为的高薪，跟华为的待遇其实是没法比的）招几个前华为员工和管理者就想复制华为的成功经验，却没有华为的耐心和决心，不愿意真正引进和吸纳西方的先进管理理念和管理制度，花大力气改变自己固有的习性。在使用这些人才时，他们不仅不能虚心学习，相反总要求这些人才适应自己企业的发展历史和文化，结果成了闭门造车，将华为的管理完全学走了样。

以上问题归根结底都是将华为的经验看成了静态的、割裂的、强硬的和封闭的，而实际上，华为在所有领域的管理改革都是动态的、有机的，是开放包容和理性选择的结果。

本书希望通过对华为人力资源管理的实操经验进行总结、介绍，帮大家拆解华为人力资源管理各项制度之间的系统逻辑，从制度本身和对奋斗者造成的实际影响两个角度，深入解析华为"以奋斗者为本"的人力资源管理经验。

本书由两个篇目组成。管理篇主要从制度层面深入分析华为为保证持续奋斗做了哪些制度设计，以及这些制度如何形成合力，保障奋斗文化生生不息。员工篇则聚焦华为奋斗者群体，分享华为奋斗者的心路历程和生存状态，从而让人感受到，华为的人力资源管理制度如何在员工身上产生化学反应，逐渐将普通人转变成不断奋斗的华为人。希望我的文字能将那些只可意会不可言传的、现在的或曾经的华为文化，以感性的方式呈现给大家。

目录
contents

管理篇：不让雷锋吃亏

第1章　奋斗的种子从招聘开始培养　　3
1.1　将招聘问题变成数理问题　　6
1.2　驱动华为招聘的三驾马车：客户需求、业务流程和组织框架　　9
1.3　提高招聘效率的秘密——寻找人才金矿　　12
1.4　定岗定薪约束岗位的价值区间　　15
1.5　让招聘面试官成为招聘质量的指数　　17
1.6　综合测评系统为招聘保驾护航　　19

第2章　让绩效管理成为奋斗者的航标灯　　23
2.1　抛弃绩效管理的鸡肋　　25
2.2　从战略解码到KPI制订：追求公司和员工的双赢　　29
2.3　赛道管理：让每个人都有自己聚焦的核心目标　　32
2.4　赛马公开：让目标完成的过程暴露在阳光下　　35
2.5　绩效综评上紧下宽，不拿基层当垫背　　38

第3章　丰厚多元的回报机制：不让奋斗者吃亏，不让效率滑坡　41

   3.1　大薪酬包小工资：华为薪酬体系的核心竞争力　43

   3.2　员工的奶酪从不轻易给也不轻易动　46

   3.3　打破平衡，让奖金成为奋斗者的军功章　49

   3.4　将个人成功与组织成功深度绑定　52

   3.5　不让长期激励成为企业和员工的负担　56

   3.6　把握力度和时效，让激励效果最大化　61

第4章　为奋斗打造良好生态　67

   4.1　先立规矩再做事，磨刀不误砍柴工　69

   4.2　把权力关进笼子，用好党委这双眼　74

   4.3　心声社区说心声，不怕员工放鞭炮　78

   4.4　给心灵找个树洞，给压力设置减压阀　82

第5章　为艰苦奋斗者保驾护航　87

   5.1　为攻"上甘岭"的人设置免责保价期　89

   5.2　给艰苦奋斗者配置顶级防护　93

   5.3　从生活细节处体现人文关怀　96

   5.4　让一线呼唤炮火，掌握资源主动权　100

   5.5　为进攻提供战斗百宝箱　104

第6章　为职业发展提供更多机会与空间　109

   6.1　技术专家：充分体验创新带来的荣誉感　111

   6.2　客户销售：任重而道远的"之"字形发展　115

   6.3　财务与采购："改土归流"，让最安静的人动起来　120

6.4 管理者：经得起风雨方能成将军　　123
6.5 沉淀层，点石成金的后备资源池　　128

员工篇：永远没有舒适区

第1章　新员工入职：所有过往都需空杯重来　　135
　1.1 你凭什么被华为招进来　　135
　1.2 打怪升级从削足适履开始　　141
　1.3 学习为客户服务先从内部做起　　145
　1.4 在华为奋斗的方向——核心，核心还是核心　　148
　1.5 看懂华为的职场路径图——任职资格　　152

第2章　老员工的奋斗人生　　157
　2.1 你今天耗散了吗　　160
　2.2 沟通也是战斗力　　162
　2.3 一笑已看风云过　　167

第3章　HRBP：业务过硬才能成为金牌配角　　173
　3.1 最牛的人力资源管理，最谦逊的HR　　173
　3.2 与业务为伍——既服务业务，也监管业务　　178
　3.3 与员工为伍——既是管家，也是班主任　　183
　3.4 与管理者为伍——既是助手，也是指导员　　187
　3.5 与HRCOE为伍——既是同行，也是博弈对象　　192

第4章 外派：不可辜负的大好时光　　　　　　　195
　　4.1　我为什么要求外派　　　　　　　　　　　195
　　4.2　艰苦岁月也是燃情岁月　　　　　　　　　202
　　4.3　海外寂寞生活是场带发修行　　　　　　　206

第5章 告别华为：是痛是爱，讲不出再见　　　　209
　　5.1　离职，一场策划多年的离别盛宴　　　　　209
　　5.2　主动离职，只为成就更好的自己　　　　　211
　　5.3　为了更好的生活，请忘记华为　　　　　　215

尾声：永不停歇，永无止境　　　　　　　　　　　219

参考文献　　　　　　　　　　　　　　　　　　　223

管理篇：

不让雷锋吃亏

> 要招聘一批胸怀大志、一贫如洗的人进来,他们有饥饿感,又有本事,经过我们的平台两三年锻炼后,就全明白怎样现代化作战了。我相信有我们的平台锻炼、培养和激励他们,将来三十几岁的人也能指挥华为公司。这样我们能保持华为这个公司充满了奋斗精神,对他们的激励是合理的,保持长期奋斗。
>
> ——《任正非在EMT会议上的讲话》(2009年)

第1章 奋斗的种子从招聘开始培养

说起华为的人力资源管理,人们的目光往往聚焦在绩效管理、薪酬激励政策、股权分配、干部培养等方面。就连由华为高管联合编写、华为官方出版的《以奋斗者为本》一书中,也将叙述的重点放在如何正确评价价值、合理分配价值及干部培养与管理方面的政策和原则等方面。这些固然是华为人力资源管理的精华所在,其对企业的意义和重要性正如布达拉宫给人留下最深印象的红宫和白宫——人们在游览时,往往直接冲着红宫和白宫的精华而去,却忽略了这样一个事实:红宫、白宫虽然壮美,但若无深埋在玛布日山中的地基，这些壮美也难以为继。

同样，在华为的人力资源管理体系中，绩效管理、薪酬激励、股权分配、干部培养固然最能体现华为"以奋斗者为本"的价值导向，但若没有良好的基础工作做铺垫，这些属于人力资源管理的机制和规则想要成功也只是镜花水月。正所谓"千里之行，始于足下"，要学习华为"以奋斗者为本"的人力资源管理，首先得从"奋斗者"的基础打起。

要想庄稼长得好，首先要种子好，选种育种永远都是一年好收成的开端。同样，人力资源管理要想发挥最大的效用，最关键的要素就是人。人的基点在哪里？总结多年的 HR 实践经验，我认为在招聘。

我们常说，人才管理的四大步骤是"选、用、育、留"，而华为通过实践，将这四字诀的顺序做了一定的修改，叫作"选、育、用、留"。但不管如何调换，"选"永远是第一位的，问题是如何"选"。

在一些企业管理者看来，招聘就是面试招人。订单增加了，招人；业务遇到瓶颈了，招人；员工离职了，招人；觉得要提升企业形象了，招人；有时即便没有什么内部需要，但为了人情世故也不得不招人。许多企业管理者或经营者在招人时，往往只提供一个岗位名称和一个含糊不清的岗位需求给 HR，然后 HR 就开始在各大招聘网站和猎头公司里大海捞针。至于说招聘的岗位到底应该给什么样的工资待遇，也没有太认真地想过。要么就是墨守成规，参考公司已有人员的工资划一个范围，要么就是在招聘过程中，根据对方的条件和工资期望看人下菜碟，像老太太买菜一样讨价还价。结果往往是两种，要么是面对偌大的人才市场，愣是招不到满意的人，要么是人招来了，感觉不好用，想解决的能力缺口依然没有解决，反而增加了负担。

其实，华为在自己野蛮扩张的岁月里，也曾经历过因人力资源管理太粗放而只能靠"英雄"创造历史的时期，随着华为管理的不断升级，华为的"英雄时代"在企业内部早已远去，但这些华为"英雄"们的传奇却随着华为影响力的扩大而在外流传甚广。一些崇尚华为模式的企业主，特别是中小企业的企业主不明就里，便觉得华为的辉煌仍旧是由这些英雄创造的，于是总希望在招聘时找到这样的"英雄"，希望他们能给企业带来根本变化。

暂不论所谓"英雄"并非救世主，不可能帮助一个企业解决所有的问题，也无法单独创造历史，即便是对于曾经的华为英雄们，其实华为从2000年引进多家国际著名管理咨询公司的模式，进行内部管理流程改革开始，就已不断地淡化他们本身的个人英雄主义色彩。让公司像长江流水一样不舍昼夜地自我运行的关键，早就不是某个英雄，而是科学系统的流程制度。而华为的招聘管理便是这种科学性和系统性的重要体现。

华为的招聘工作，不仅流程化程度极高，而且每一步都融入了数理分析和集约化管理。不仅将"以客户为中心，以奋斗者为本"的文化有机融入其中，还直接与公司战略形成合力，与后面的各项人力资源管理制度无缝对接。通过华为招聘流程遴选出来的人，不管有无工作经验，也不管来自哪个学校、毕业于哪个专业，绝大多数自带奋斗者潜质，或者说都是具备华为奋斗精神的好种子。

比如被华为选中的应届生一般是来自中国排名中等偏上的高校中中等偏上的好学生。这些学生的普遍特点是，成绩未必顶尖，但刻苦勤奋，在校能为考个好分数、完成好论文挑灯夜战，在工作中也能为完成工作绩效目标开足马力。家境一般不优沃，因此有靠自我奋斗实现阶层跨越和财务自由的强烈愿望，具备"胸怀大志，一贫如洗"的特质。在性格上既不孤僻古怪，也不油滑世故、精于算计。在人群中既不过分脱跳奔放、事事锋芒毕露，也不会像个闷嘴葫芦有沟通障碍。这也就为华为将这些人大比例地转化成奋斗者，打下了十分良好的基础。

当然，事无绝对，华为每年大批量地招人，混入个把有问题的种子也在所难免。但在经验总结、数理分析优化以及闭环回溯机制的良好运行下，华为招聘的整体效率和效果都在不断优化提升。

本章将重点阐述华为招聘管理的机制和原则。

1.1 将招聘问题变成数理问题

作为科技企业，华为不仅在自己的产品制造上讲究科学系统的流程化管理，在招聘中，华为也在孜孜不倦地用过程的确定性来约束结果的不确定性，将人为因素造成的影响降到最低。在招聘中应用数理分析的方式制订合理的招聘计划，并在执行中及时进行数据分析和追踪，就是这种思想的集中体现。

在华为，招聘工作的起始点不是企业内部的岗位空缺，而是华为对于客户的商业价值增长。判断该不该扩招的根本标准不是人手够不够，而是一个岗位能不能为客户创造更大的价值。也就是说，招人的出发点是岗位对流程的贡献和满足客户需求的价值创造。公司招聘计划的制订是从梳理客户的需求和自己的业务增长目标开始的，然后从公司总效益提升和人均效益提升入手，做人力成本预算，再参考每个岗位和层级的市场价格，估算出每个部门合理的招聘编制。

一般来说，在每年年底公司业绩汇总后，招聘计划的制订工作便开始了。计划制订采用上下两头挤的策略。一方面由公司总部的人力资源部根据公司的整体经营业绩、近三年的战略发展方向和利润增长率，预估出公司来年的整体薪酬预算，另一方面根据分灶吃饭的原则，每个业务部门需要将自己作为独立盈亏的个体，按照产出效益和价值贡献估算自己的薪酬包预算。能不能招人，招多少人，人均效益要达到什么样的水平，有没有加薪空间都要进行薪酬预算。最终招聘计划拼的不是人数，而是用两方得出的薪酬预算来"拧麻花"，从而让业务目标和薪酬预算得以匹配。

在公司层面，人力资源部的薪酬专家们不仅要与公司的财务部门紧密合作，通过财务提供的历史和预估的公司利润和运营成本，来计算公司下一年可用于支付的整体薪酬包，进而确认公司的涨薪包。在涨薪包预算中，不仅要兼顾业务增长需求和人员效率提升，还需要对比分析各种岗位在市场上的价格定位和工资增长的年化率。这样一来，薪酬包预算不仅成为一把尺子，将华为的人力成本控制纳入利润、效率和现金流的考量之下，同时也成为一座桥梁，将公司人员规模与公司战略发展紧密连接。

可既然公司总部都已做了如此科学的估算，为何仍需要业务部门层层上报自己的薪酬包预算，而不是单纯的招聘人数需求呢？其实华为也经历过业务部门主管单纯负责提招聘需求，人力资源部门负责统筹招聘的时期。但这样做的弊病在于，各级主管只知道缺人，却从不担心没钱花，也不知道自己花了多少人力成本，对花钱所带来的价值及贡献更缺乏评价和审视。而人力资源部门虽然掌握了所有人力成本的预核算，但并不清楚业务部门实际的用人效率，也很难判断业务部门的用人需求是否合理，因为业务部门总能找出各种各样的理由来谈补充人员的重要性。于是一方面所有的人力成本压力都集中在人力资源部门，使其不得不考虑人力成本控制问题，另一方面业务部门时常抱怨人力资源部门不给力，不能满足其用人需求。

可自从上一次IT冬天，华为开始推行计划预算核算的闭环管理以来，华为便要求业务部门必须主动和公司战略层对齐，增强自身的经营意识、效益意识和价值贡献意识。分灶吃饭，就是在人力资源规划方面，将财务预算与战略目标进行衔接，用来评估不同部门的人员实际效益和实际价值。在这样的思想指导下，每年的人力预算制订才成为业务部门、人力资源部门、财务部门共同联动的过程。

每年业务部门的主管们都会在HRBP（Human Resources Business Partner，人力资源业务合作伙伴）的辅助下，按公司统一的HC（Head Count，人员统计），预计招聘员工数量，填写本部门相应人员的招聘需求模板。这个模板绝不仅仅只是简单填写一个招聘人数和招聘的大致岗位，而是要根据组织效益对招聘需求进行结构化的描述。在这个模板中，不仅要对招聘的职类、职级和人数做出规划和描述，还要提交一个部门的总加薪包预算。计算公式如下：

总加薪包 = 预算销售额 × 基线比 − 上一年的薪酬包 − 新增编制的薪酬包

这些从底层上报上来的数据，先由各大业务体系汇总，再交由公司EMT（Executive Management Team，经营高管团队）会议讨论。汇总后的薪酬成本肯定会与整体薪酬成本预估有出入，这就需要在各体系间做战略平衡和比较。调整的一般原则是压缩平台和支撑人员，尽量确保作战部门和战略性发展部门的人员编制到位。但即便压缩非生产人员，也不是拍脑袋想出来的，一切都拿数据说话。

比如要压缩人力资源人员的薪酬包，那么一是要看人力资源现有的人均服务人数比，二是想办法梳理HR的服务流程，精减流程中不必要的环节和多余组织，整合职能重叠的功能部门，然后将释放出的人员通过内部的培训赋能，向一线和业务部门补充。这样既给了员工一次内部升级再造的机会，也达到了减员增效、保证现有人员薪酬水平的目的，还能解决部分业务部门的用人需求，从而盘活公司内部的人力资源。

各部门所分配的薪酬包，不管压缩还是扩大，都会将薪酬包预算反馈给各层业务部门进行验算，从而对招聘人数和岗位层级进行合理调整，然后再反馈数据进行角逐，直到公司从上到下都对招聘编制及薪酬包金额的认识达成一致。这个过程与其说是在讨论招聘编制，不如说是在倒逼每个业务单元的主管对自己的业务价值贡献和团队效率提升进行战略思考。

《孙子兵法》有云："夫未战而庙算胜者，得算多也。"这样的招聘计划制订过程，不仅让公司的战略部门、财务部门、人力资源部门和业务部门形成协同，也让招聘计划变得更具战略的和现实的合理性，让"招多少人"这样困扰许多企业的问题不再讲不清道不明，让公司对招聘的结果具有强预测性，对招聘节奏也有了把控参考尺度。

1.2 驱动华为招聘的三驾马车：客户需求、业务流程和组织框架

解决了"招多少人"的问题之后，还要解决"招什么人"的问题。相比于前一个问题，后一个可能更让许多企业经营者头疼。我曾接触过不少企业老板，在谈招人问题时，往往谈论更多的是对应聘者本身能力的期望，却很少有人说得清自己设置这个岗位到底要承担怎样的功能，对公司的业务发挥怎样的价值作用。当问起对这个岗位的市场定价和具体的职位描述时，更是缺乏了解，语焉不详。

我经历的最夸张的案例是，某企业一个秘书岗招聘，竟然前前后后面试了百余人却未果，其中不乏名牌大学毕业生，或有相关工作经验者。我曾与该企业的老板进行交流，发现其对这一岗位的人员，不仅要求自相矛盾，而且求全责备，对应聘者的要求远远超过一个秘书的职责范围。在面试时不是觉得对方长得不漂亮，就是觉得文字不漂亮，或者对业务不了解，而符合这些条件的又嫌人家要价太高，甚至单纯觉得没眼缘。这种重人轻岗的招聘方式不仅让招聘耗时耗力，效率极低，而且这些好不容易千挑万选出来的人正式走上工作岗位后，也未必能发挥出其应有的价值。不是老板觉得招的人没能解决自己的问题，就是员工因不清楚该岗位在业务流程中所担当的责任而感到自己无处着力。

对于这个问题，华为给出的解决方案，简而言之就是将人、岗位和职级进行分离，使复杂问题简化成可操控的流程。先讨论岗位价值问题，再讨论岗位的职级层次，结合业界基线来划定不同岗位每一职级的薪酬基准，再选择合适的人到相应职级的岗位中去。这一工作思路在华为被总结为十六字方针——"以岗定级，以级定薪，人岗匹配，易岗易薪"。在这一节，我们先讨

论岗位的问题，后面再分别讨论职级区间划分和选人的问题。

某个岗位的人该不该招，本质上并不应由业务主管决定，而应由岗位本身的存在价值决定。如何评价岗位的存在价值呢？这需要从梳理这个岗位在工作流程中的位置开始。工作流程又如何来制订？从最终期望达成怎样的工作目标来定。工作目标又从何而来？从客户需求中来。毕竟任何企业存在的价值都是为其服务对象创造价值，所以说到底，一个岗位该不该招人、招什么样的人，牵涉的其实是公司的战略发展方向。

这个逻辑说出来大家都明白，可实际操作中，许多企业往往不太重视梳理业务流程和组织架构，只是在做项目遇到瓶颈时才想着增设岗位、招人。在项目结束后也没有对项目管理进行总结复盘，缺乏对项目组人员的分流安排，导致临时人员在组织长期滞留，没有将其有效转化成组织的生产力。

而有些企业虽然花了不少气力梳理自己的愿景、使命和战略，但在进行业务流程梳理和组织架构设计时，又缺乏对愿景、使命、战略达成的支持度，组织架构存在明显设计缺陷，和公司愿景、使命、战略沦为"两张皮"，于是因人设岗、叠床架屋、机构臃肿、汇报关系不清、效率低下等问题在所难免。在这种情况下，人招得越多效率越差，业务运营时无法发挥人的最大合力，反而严重制约了公司业务的快速发展。

而华为则不同。在成立之初，华为就明确提出"为客户服务是华为生存的唯一理由"。在后来总结的六条华为核心价值观中，居于首位的仍旧是"成就客户"，后面的五条诸如"艰苦奋斗""自我批判"等都是围绕着如何更好地实现"成就客户"这一目标而提出的。更为出色的是，华为不仅这样说，还扎扎实实地将这样的核心理念融入了自己的组织肌理中。在公司发展过程中，一切岗位设置和组织结构调整，都围绕着产品和服务如何高效满足客户需求来梳理。理顺了业务流程，再确定功能性组织结构，确定了组织结构，再设置功能岗位。这样一来，每个岗位便在纵向流程和横向功能组成的组织坐标中拥有了清晰的定位和功用。

不仅如此，华为还将这种流程梳理和优化变成一种常态，在各种项目总结中不断进行阶段性的流程反思和优化。每次进行组织效率提升和管理优化时，都秉承更好地满足客户需求的原则，先精减流程，考察功能组织设置的合理性，再基于流程调整岗位。这样一来，什么属于关键节点、什么岗位冗余、什么岗位需要补充一目了然。这些不仅为组织的合并重组和岗位的增删提供了强有力的依据，同时也在不断盘活企业的人力资源，让整个企业时刻处于一种持续震荡的"沸水"状态，促使管理者和员工在这个过程中不断学习，不断适应变化，谁都无法躺在既往的功劳簿上"温水煮青蛙"。

比如，对于流程改革和组织优化后挤出的人员，公司专门成立了干部后备队和资源池（关于这一点将在后面单辟章节论述），给予其三个月重新学习培训的机会，期间会不断发布公司急缺岗位的内部招聘信息，让这些员工通过回炉再造和重新应聘上岗找到自己在组织和流程中新的位置。当然，这样的机制并不能保证所有进入资源池的员工都能在公司重新找到自己的位置，但起码也为其重新进行职业选择提供一定的缓冲期，让其能有个心理调适的过程，从而消弭人们对流程调整和组织合并所带来的利益再分配产生的抵触情绪。

对于对外招聘而言，由于每个岗位都有了清晰的权责定位和工作内容描述，因此面试不再是在各种招聘平台上做选择题，而成为答案明确的填空题。从客户需求出发，梳理流程和组织架构，让每个岗位的工作性质、工作内容都有了清晰的描述和价值评估。这样一来，每个岗位对人才的要求也简单化、明确化了，员工不需要孜孜不倦地寻求最优解，只要能胜任岗位的基本要求，都可以成为这个岗位的后备人选。不仅最大限度地淡化了"个人英雄"对组织的作用和影响，杜绝了因人设岗、人走政息的弊病，还无形中让公司的业务流程具备高度稳定性和抗不确定性，从而真正实现"铁打的营盘流水的兵"。

1.3 提高招聘效率的秘密——寻找人才金矿

《孙子兵法·谋攻篇》开始便讲道:"知彼知己,百战不殆;不知彼而知己,一胜一负;不知彼不知己,每战必殆。"通过以客户需求为导向梳理业务流程、确立组织架构,算是做到了"知己",明确了满足企业业务发展需求需要配置什么样的岗位,但要在人才市场中找到合适的人,还需要做到"知彼"。

曾有一位地产公司的 HR 好友怀着无限惆怅向我抱怨说,公司某销售岗位期望挖行业内有实力的人过来,但符合公司能力需要的人嫌薪酬低不愿来,愿意来应聘的人公司又看不上,于是招聘工作就一直在这种高不成低不就的困境中延宕。造成这种困境的原因,便是在制订对外招聘的薪酬标准时,为了平衡公司内部现有人员的薪酬水平,抛出的招聘薪酬标准低于现在同行业的竞争水平,导致该岗位的市场竞争力不强。之所以会造成这一问题,皆因企业在制订岗位薪酬时存在任职能力要求和薪酬匹配的认知偏差。

反观华为,每每在招聘时所列出的薪酬都会成为社会热点。比如在每年的秋招季,华为的宣讲会和薪酬待遇都会刷爆全网。有学生甚至表示:"在华为没来学校招聘前,我拿再多的聘书也不会签。"而在知乎上,也频频有人抛出关于华为薪酬的帖子并常引发百万人的关注和讨论。甚至在 2020 年全世界都在为新冠肺炎疫情而恐慌时,华为还能在各种不利的环境下频频爆出高薪招聘人才的新闻。这听上去似乎与华为在制订薪酬预算时精打细算的风格很矛盾。其实,这两者间恰恰互为表里,体现着华为招聘"知己知彼"的优越特性。

知道自己的薪酬包能养多少人,需要什么样的岗位支撑业务,让华为在招聘中做到了"知己"。而在"知彼"方面,华为同样做了两个方面的工作来支撑自己的企业目标。一方面是与各大招聘平台、猎头公司和对口高校合作,寻找出符合公司相关岗位业务能力要求的"人才金矿";另一方面是每年固定向专业的管理咨询公司购买同行业薪酬调查报告,了解业界同类型岗位的薪酬水平，从而对公司各个岗位进行分层分级，保证能在相应薪酬水平中找到与能力要求相匹配的人。两方面工作相互配合，才让华为不仅能招到合适的人，而且缩短了招聘耗费的时间，保证了公司的人才供应源源不断。

本节我们先说第一个方面，寻找人才金矿。

人力资源其实和矿藏资源一样，不仅需要进行战略储备，保证供应的可持续性和发展性，还需要在开采前探明矿藏储量。这里一个最浅显的道理便是，找到一个富矿床去开采，比开采贫矿在同等单位时间内获得的收益高，而人力资源同样存在"富矿"和"贫矿"的差别。

华为每年通过各种渠道招聘的总人数在万人左右。这其中通过校园招聘进入公司的新员工约占总招聘量的60%。由于招聘量大，华为的校招常常拉出一网打尽的人才垄断架势，到众多高校网罗人才。这样的吞吐量容易让人产生两个误解，一是华为的离职率高，二是华为的人力成本高。可实际上，看似粗放的招聘模式背后，不仅蕴藏着华为对于人才梯队建设和知识更新的战略考量，更有着极为精密细致的人才金矿摸底工作。正因华为在招聘前花时间寻找人才金矿，探查与公司业务能力要求和素质模型高度匹配的人群所在地，才让华为的招聘永远有的放矢，打的是有准备之仗。

以华为的秋季校招为例，虽然称之为秋季校招，但实际上校招工作却是持续一整年的系统工作。每年华为内部都会梳理更新一份学校名录，梳理出与公司岗位需求相匹配的高校及相关专业清单。只有在这份清单中的高校才会被华为列入招聘计划，然后会根据清单中每个高校相关专业的毕业生人数和往年招聘签约成功率，划分出每一高校预计招聘人数。最后再根据每个高校的可招聘人数，决定是入校专场招聘，还是在校外另辟招聘场地，方便几个目标学校的学生同时参与面试。

这份华为招聘学校清单和我们看到的市面上双一流大学综合实力排名不同，华为并不单纯看高校本身的学科建设和综合实力，而是考量该高校与华为业务需求，乃至学生特质、校风学风与华为奋斗文化导向的匹配度。所以在华为的校招高校清单中，清华、北大这样中国顶级的学府排名十分靠后，分配到的招聘名额也很少，反倒是像电子科技大学、西安电子科技大学、南京邮电大学、北京邮电大学这样在双一流院校排名中中等偏上的学校，成为华为的重点招聘高校。

这些高校虽然在全国高校排名中综合实力挤不进前十，但其在电信、电子等方面的单科实力强，这些学科与华为专业对口度高，且其学生普遍素质模型和华为的文化导向、工作氛围高度契合，因此每年的签约成功率和入职率高，入职后对华为忠诚度高，在华为的校招清单中成为重点招聘对象。

对于上了华为校招清单的"人才金矿"学校，华为一般都会提前一年就与其相关院系和专业的老师进行通力合作，展开各种预选活动，比如开展各种校园专业竞赛，组织学生就近参观华为基地，给他们讲解华为的技术发展和市场发展，安排在华为工作的各校校友与应届生进行交流，提前获取各专业毕业生的名单和成绩排名等，因此还不到每年秋季正式开始校招面试，这些人才金矿中的学生早就在不知不觉间被华为过了几遍筛子，优秀的学生早已被锁定成为目标人群，只等他们在华为官网上上传简历，便开始邀约面试。

华为每年在各地的校招场面十分壮观，动辄上百人同时参加面试，并且每一个环节都组织衔接得十分紧凑。入场面试实行全面邀约制，只有收到华为面试邀约短信的毕业生才可以进入华为面试现场参加集中面试，这样每天的面试工作量就有了准确预估。在面试现场，除了前台的面试官在工作，后台的数据收集整理小组还会及时收集整理各个面试官的面试结果，向招聘领导小组反馈当天的面试通过率，进行面试通过率历史对比和预估，从而严格把控校园招聘的进度，保证招聘目标的达成。这一套招聘组合拳完美体现了华为的工作特色：热烈而镇定，紧张而有序。这便是华为校招能在短短几天内成功选拔成百上千人的奥秘所在。

1.4 定岗定薪约束岗位的价值区间

华为招聘在"知彼"方面做的第二个关键功课，便是为其招聘的岗位和相应职级找到合适的薪酬标准。一个公司能吸引人才加入，除了先进的企业文化和较多的职业发展机会，最具有招聘核心竞争力的还是薪酬回报。企业回报员工的根本方式就是薪酬，而员工的个人价值的实现也要最终落实到个人收益上。如果薪酬太低，势必难以吸引优秀人才加入。可若薪酬标准定得过高，又会增加企业的运营成本，有损企业的效益提升。因此一个合适的薪酬标准一定是在考虑该岗位职类在同行业劳动力市场工资水平的基础上，综合考虑其对公司的战略实施和业务开展的价值后定下的，在期望和可能之间找到平衡。

当对企业的客户需求、业务流程和组织架构有了清晰的认识后，便可以画出一张企业的岗位职类表了。从岗位职类表发展成一张企业的薪酬框架表的过程，就是给每个岗位职类进行"称重"的过程，体现不同岗位职类对公司业务目标实现的意义。薪酬标准的制订，不仅需要体现不同岗位职类的横向差异，从而反映不同岗位对公司业务目标实现的意义，还要体现同类岗位不同职级的纵向差异，给每个职类描述一个清晰的晋升发展通道。工资水准的差异，其实就对人员素质、能力和贡献要求的差异。

制订薪酬标准除了要兼顾内部的和谐与平衡，也需要参考同行业的工资水平。为此华为每年都会向专业机构订阅行业薪酬调查报告，用以长期关注不同地区、不同职类的人才市场的价格波动，从而适当调整企业的薪酬框架，保证企业对目标人群的吸引度。在这些操作后面，体现的是华为"以客户为中心，以奋斗者为本"的认知模式和底层逻辑。

和所有市场一样，劳动力市场也是一个随着供需关系不断进行价格调整的市场。物美价廉固然是每个买方最爱的理想状态，但也有句俗话说得好——"只有买错的,没有卖错的"。"捡漏"这种事虽然存在,但是高质量的商品永远都是市场上的稀缺资源。因此人们所获得的商品体验终究会与其售价相匹配。当然,如果在充分了解利弊、权衡资金和需求后,愿意接受低价所购商品的瑕疵和不足,觉得可以满足自己的基本需求,那么也无须追求高价商品所带来的附加值。这样的买卖逻辑在劳动力市场上同样适用。

当一个企业付出的薪酬低于市场水平时,能招到的人大概率也将是低于市场平均水平的人。如果老板认为这个岗位对公司具有很高的业务价值,那么只有付出高于市场水平的薪酬才有可能吸引到高价值人才。若想用一个柜台销售的薪资来招聘能力足以担当销售总监的人才,结果只能是高不成低不就。反过来,若一个能力履历都很漂亮的人愿意接受一份薪酬不高的工作,也多半存在一些特殊原因,比如家庭变故、个人感情问题或仅仅是想找一份相对清闲的工作,休息一阵子。这样一来,他的简历虽然漂亮,但究竟能不能产生老板所期望的价值则难说。

这样的价值对等逻辑,要求企业对不同岗位职类、不同职级人员的能力期望和薪酬标准有一个合理的预期。需要匹配什么能力的人,就需要按照市场价格给出相应的薪酬标准。特别当公司的品牌还比较弱时,要想吸引优秀人才,薪酬就得更具竞争力才行。否则企业的期望和现实会永远南辕北辙。

许多老板会担心自己花了那么多钱,万一请来的人不能达到绩效要求,没有做出相应贡献,这个钱岂不是白花了?风险当然存在。但作为一个企业经营者,更需关注的是员工给企业创造价值的潜力,不能为规避风险而违背市场规律行事。何况,通过"以岗定级,以级定薪",已经做到对人才市场的知己知彼,对岗位的责任贡献也有了清晰定位,在对应聘者面试考察时已经可以有的放矢。再结合之前提到的"人才金矿"定位,以及后面将讲到的面试官管理和面试流程管理,便能将招聘的失误率压缩到一个很小的范畴内。

另外,在招聘时,有些企业经营者还存在一个误区,就是希望"毕其功于一役"，期望靠招聘解决企业人力资源管理中的所有问题。殊不知人力资源管理从来不是一套简单的体系。就像生活在亚马孙河流域的热带雨林中的蝴蝶，偶尔扇动几下翅膀，便可能会在两周后引起美国得克萨斯州的一场龙卷风一样，招聘只是人才进入公司的门槛，一个能力素质各方面都与岗位匹配的人进公司后能否发挥最大的效用，能否成为与公司共进退的奋斗者，还与后面一系列的管理机制和环境培养有关。即便是在同样的环境中，最终的成就也千差万别。

好的公司、好的管理，能将能力一般的人变成优秀卓越的人。而糟糕的公司、糟糕的管理，则会将本来非常优秀卓越的人用废。华为之所以敢于在全球经济形势紧缩的时候，还大张旗鼓地撒网招人、用高薪养人，就是因为它除招聘外，后面还有一整套人力资源管理制度来保证劳动力转化为生产力，将普通劳动者转化为奋斗者。这些在后面的章节将展开详细论述。

1.5 让招聘面试官成为招聘质量的指数

谁是招聘活动中的面试官主力？许多人很自然地认为是 HR。在许多企业的招聘流程中，往往进行第一轮面试筛选的面试官是由 HR 担纲的。HR 面试通过了，才会交给业务部门主管进行二轮三轮的面试。即便是由业务主管直接参与的面试，只要公司人力资源部门设有 HR 的岗位，HR 也通常会是面试官之一，甚至对人员的录用拥有否决权。但华为却有其不同的逻辑。

招聘调配固然是人力资源管理的一项重要工作内容，HR 部门固然是招聘调配的流程 Owner，为流程的运营和效果负责，但并不意味着 HR 就天然具有成为面试官的资格。既然面试的目的是为用人部门选人，这些人又会直接影响到用人部门的绩效表现，那么自然应该由用人部门来挑选并保证用人部门拥有对录用结果的最终话语权。而人力资源部门作为流程 Owner，在招聘调配中的作用更像是制片人，负责协调招聘各流程的前后衔接，维护与各高校、招聘平台、猎头公司的合作关系，打通人才获取渠道，安排面试场地，联系组织各职类各岗位的业务面试官，并为招聘的各个环节提供信息支撑等工作。等到一切准备就绪，HR便退场了。面试的舞台上，各部门具有面试资格的面试官们才是主角。

虽说什么部门需要什么样的人是用人部门最了解，但主管和主管之间的业务水平和面试能力也存在差异。如果完全由用人部门主管进行面试考核会存在一定的认知偏差，而且也容易形成山头，这样无疑加大了用人风险。为了满足用人部门的招聘需求，同时保证招聘质量、把握招聘中的文化导向，华为专门建立了一个面试资格人管理制度。获得面试资格的人不仅是各岗位职类中的业务精英，而且本身就对公司文化有强烈的认同感，有着强烈的奋斗者精神。正所谓"物以类聚，人以群分"，往往是英雄才能识英雄，只有优秀的面试官才能吸引优秀的人才。

优秀的行业面试官在面试时，不仅会从专业、公正的角度衡量应聘者的素质能力，同时他们身上所具有的华为基因会吸引和感知与其相似的应聘者，从而筛选出与华为岗位素质模型高度匹配的人。

正因如此，华为对面试官的资格认定尤为严格。至少需要岗位职级在15级以上，连续三年绩效为A，无关键负向行为记录，才有资格成为面试官候选人。要成为正式的面试官，这些候选人还需要参加公司组织的有关面试技巧和企业文化的培训，考试通过后才能获得正式面试资格。而这个面试官资格也分层分级。什么层级的面试官取得什么层级的面试资格，都有严格的规则约束。既不能越级面试，也不能越职类面试，以免出现低面高或外行面试内行的"倒挂"现象。因此在华为，一个HR唯一可以拥有面试资格的岗位只有HR岗位，其他岗位不在其面试资格范畴中。

除此之外，这种面试官资格也并非一旦授予后终生享有，也不会随着面试官自身职级的提高而自动升级。华为每年都会对这些有面试资格的人进行资格考核。如果面试官的个人业绩出现滑坡，当年便会取消面试资格。如果低层级的面试官因职级提升想取得更高层级的面试资格，则需要重新经过公司的考核评定。

即便当面试官如此麻烦，业务主管们还是会非常积极地参与到这项工作中。因为成为有面试资格的人不仅意味着自己能直接为本部门招聘人才，更是衡量管理者管理职责履行情况的重要依据之一，其在招聘中的表现也将会被记录进其管理者评分中，如果在面试中表现好，无疑会加重自己晋升的筹码。

这样一个面试资格人管理制度，最大限度地实现了招聘与业务实际需求的无缝对接，提升了人力资源部门与业务部门的协同合作水平。让业务部门也担负起为公司选人的职责，不仅让业务部门感受到需求得到理解和尊重，还让招聘的质量有了更强的保证，也将为前来应聘的人树立华为各职类的职业形象。

1.6　综合测评系统为招聘保驾护航

华为的综合测评系统的上线和应用是一个较晚出现在华为招聘流程中的环节。在此之前，华为一般的招聘流程是，先进行网上笔试（主要针对专业技术岗），再进行专业面试（俗称一面，非技术岗则直接进行一面）、集体面试（俗称二面），然后有些岗位还会进行语言测评，最后由各体系的综面官进行综合面试，决定录用与否。

在2010年华为的综合测评系统上线后，便在综合面试之前加入了这一考核。而2021年华为发布的最新校招流程，更将这一环节提前到了专业面试之前，进一步加强了招聘面试中对应试者心理状态、价值观和认知模式的考察。

对于华为招聘中所应用的这样一套系统，外界会简单理解为我们用了网上随处可见的心理测评，甚至网上还出现了一些针对华为心理测评的攻略，告诉大家如何答题。但华为的这套系统之所以叫综合测评而非心理测评，其意义就在于它针对的并不是应聘者的心理问题或性格类型，而是根据华为核心价值观需要，来筛选更适合在华为生存发展的优秀人才。

前一节讲到，华为专门建立了面试资格人制度，用优秀的人来选拔优秀的人。有了优秀的面试官，虽然能大幅度提升面试中对人才专业能力的判断水平，形成一个文化感应磁场，但面试官本身都是技术骨干，不是专门研究人的心理咨询师，靠短短的十几分钟，对一个人做全面考察，仍难免存在误判。随着华为逐渐在社会上声名鹊起，一旦公司的员工出现任何极端事件，不仅会给公司内部其他员工造成负面影响，也会在社会上引起舆论风波。于是，华为便在 2009 年将设计一套行之有效的综合测评系统，对应聘者进行辅助判断的工作提上议事日程，并将这套系统首次应用在了 2010 年的华为校园招聘中。

华为的这套综合测评系统不仅会对人进行心理健康方面的测评，还将华为员工的素质模型融入其中，测试应聘者职业适应性及与企业文化的契合度。另外还设有测谎项，进行反应真实度的考量。每个人上机考试时都会从后台题库随机组成一份问卷，必须在规定时间内作答。由于时间紧凑，应试者必须以第一反应作答，稍有犹豫答题时间就不够，同时答案也作废。测评结果没有标准答案，也不通过总分判断，而是分成六个维度进行打分，得分在 1~10 分之间。

这个环节，可以说，越是心思单纯的人过得越轻松，越是想得多或自恃江湖经验丰富故意迎合的人，反而越糟。可以说除了显示在测评中的那些选项，应试者对这套测评本身的态度也在测评之中。

有人说，有人的地方就有江湖，有江湖的地方就有潜规则，但华为总在不断警惕潜规则的滋长，不断进行自我批判，牢牢把握住"以客户为中心，以奋斗者为本"的价值取向,并用各种制度来让人更多地聚焦于工作,创造一个良性竞争的生态。而在招聘时用综合测评来测试应聘者与企业的匹配度,正是从源头进行把控、打造良性竞争生态的重要措施。进来的人都喜欢堂堂正正凭本事吃饭、凭努力赚钱,不容易产生消极敌对情绪,那么也就更容易共建一种积极向上的奋斗氛围。

在综合测评这个环节,理论上不会直接刷人,而是将测评结果交给面试官,提醒面试官注意这个应聘者可能存在哪方面的隐患,让面试官对这个人进行综合判断。如果面试官面对测评有问题的人,仍觉得人才难得可以录用,那么就需要注明具体原因,并留底存档。这样不仅让面试具有客观的考察依据,同时也进一步在招聘面试中强化了公司"以客户为中心,以奋斗者为本"的价值取向,让进入华为的人本身就具有成为奋斗者的心理基础,再通过华为一系列的人力资源管理制度,快速激发员工身上的奋斗能力。

> 人力资源管理的核心目标是使员工全力为客户和企业创造价值，能否实现这一目标，取决于如何评价员工的价值共享和如何分配企业创造的价值和剩余价值。从而，全力创造价值、正确评价价值和合理分配价值成为人力资源管理最关键、也是最困难的任务。
>
> ——《以奋斗者为本》

第 2 章　让绩效管理成为奋斗者的航标灯

一个人能经过层层筛选招进来，起码说明他某方面的能力一定非常符合企业的需要。但人有能力是一方面，能不能最大限度地发挥出来又是另一方面。如果把招进来的人"晾"在一边，或是放到了不能充分发挥其作用的岗位上，且岗位被长期固化，那么这些人的能力、经验和想法便无法有效转化为企业生产力。这不仅是对企业人力成本的极大浪费，也会损害员工对企业的信任和忠诚度，也就不能期望其成为与企业共进退的奋斗者。于是，建立合理有效的绩效考核制度，让考核真正导向企业目标达成，使绩效变成员工价值作用的体现就显得尤为重要。

虽然每个公司都会做绩效考核，但并非所有公司都能让绩效考核成为员工冲锋、为客户创造价值、追求商业成功的航标灯。

有些企业经营者自己作为技术大牛或关键资源所有者，内心并不认可员工的价值和作用，觉得员工是靠自己养的，于是一做绩效考核就变成为难人，并不想真正兑现对员工的奖励承诺。在制订绩效指标时，明明说好关键指标是完成多少业绩，员工拼死拼活完成了，结果在评价考核时又增加这样那样的附加条件，将员工的一点业绩扣来扣去，承诺的奖金将因此大打折扣。这不仅让员工对主管的承诺失去信任，也让员工失去努力完成目标的动力，导致员工与企业经营者离心离德。

有些企业则在做绩效管理时过于关注行为过程和细节，对员工求全责备，让绩效评定变成了烦琐的文案工作，眼花缭乱的指标把员工的工作精力淹没在了各种工作的细枝末节中，让员工丧失了对核心目标的方向感，无法对关键目标做到全力以赴。

还有些企业把绩效管理变成了暗箱操作，在制订KPI时缺乏明确、透明、公开的度量标准，过程中缺乏监控，放任自流。到了绩效评定时大家便开始讲故事，衡量目标完成水平全看谁的故事讲得好，绩效考核的结果缺乏合理公正的评价依据。至于给员工多少奖金、涨不涨工资、升不升职都凭主管的主观感觉，和真正的工作成果没有必然的联系，于是企业内部矛盾丛生，大家都热衷于搞内部公关，热衷于做领导看得到的事，对于攻坚克难的项目和工作则是"多一事不如少一事"。

相比之下，华为的绩效管理虽然看似苛刻无情，却坚定不移地始终围绕着"以奋斗者为本"的理念在不断优化改进自己的绩效管理流程，持续优化量化考核指标，不断追求绩效管理结果的公平公正。华为在发展过程中，虽然也走过一些弯路，出现过一些问题，但始终都在不遗余力地反思和剔除绩效管理中那些有损企业发展和员工积极性的因素，发挥绩效考核对员工行为的正向牵引作用，将绩效管理真正变成企业和员工之间相互成就的合作契约。在绩效管理的过程中，企业通过员工不断努力完成绩效目标来实现企业效益的增长，而员工则通过完成绩效目标获得公正的价值肯定，收获合理的利益分配，从而得到个人职业发展上的成就感。企业要在春风化雨的过程中，使普通员工转化为与企业同呼吸共命运的奋斗者。

华为的绩效管理经验可以总结为"三导向、三原则"。三导向为坚持责任结果导向、贡献导向、商业价值导向，三原则为突出重点、抓主要矛盾原则，分级分类原则和向目标倾斜原则。"三导向、三原则"是对绩效考核中曾经出现的问题的总结和纠正，体现了华为在绩效考核方面务实严谨的态度，践行了华为六条核心价值观中"自我批判"和"开放进取"的理念。

好的绩效管理制度能变平凡为优秀，而一个糟糕的绩效管理制度则会变卓越为平庸。本章将围绕华为如何在实际操作中体现其绩效管理的"三导向、三原则"展开论述，从而揭秘华为是如何用绩效管理进行公正的价值评判的。

2.1 抛弃绩效管理的鸡肋

行之有效的绩效管理不仅对员工提出业绩要求，约束员工的日常工作行为，更重要的是，为企业收益的合理分配和员工薪酬及奖励的评定提供坚实依据。可以说，绩效管理在企业人力资源管理中不仅仅是功能模块，更是一条线，串起了企业战略目标、组织绩效以及个人贡献价值、薪酬激励、职业发展等多方面的科学管理环节。

在实现企业战略目标方面，好的绩效管理犹如汽车的驱动轮，能带动员工形成生产合力，帮助企业完成业务目标，而糟糕的绩效管理则往往沦为企业管理中的鸡肋，不搞不行，搞了也起不到提升业绩和凝聚人心的作用，还占用员工的时间和精力。而在薪酬激励方面，在绩效管理中对员工的价值评判是否公正，直接关系到其能否得到公正合理的回报，也决定了员工对企业的信任感和认同感。唯有对企业怀有高度认同感的员工，才能成为企业的同路人和奋斗者。

根据我多年的实践与观察，让绩效管理生效的不是绩效管理本身，而是如下三方面原因：

原因一，许多企业只制订针对个人的绩效指标，而无组织绩效 KPI 的层层分解和描述，每层部门和个人的 KPI 与 PBC（Personal Business Commitments，个人绩效承诺）制订都相对孤立。对于需要部门共同完成的 KPI，往往只以个人绩效目标的方式写进部门主管或流程负责人的个人绩效考核中。对组织其他成员的个人绩效承诺，虽设有团队合作这一项，但往往表述模糊，缺少可量化标准，所占权重也不大。于是造成组织绩效的压力只背在少数人身上，每个人为了完成自己的绩效目标"自扫门前雪"的局面。绩效逼得越紧，人与人之间的资源争夺和纠纷就越激烈，团队协作难以有效达成。

原因二，一些企业会将一些不直接导向业务目标的考核项纳入绩效考核中，干扰对员工实际贡献的价值评价。比如有些主管和企业经营者会将一些员工行为表现，如加班、员工个人的学习和培训以及技术创新等纳入绩效目标中来衡量劳动态度，却忽略了企业增效的核心是员工单位时间的工作输出、积极解决问题和达成目标的强烈意愿。知识学习是劳动的有效准备，但并不意味着有更多知识储备就能带来更好的效益产出。技术创新固然很重要，但若不能有效地解决客户问题、满足客户需求，也无法转化成商业价值和利益。因此，若将这些指标纳入绩效考核中，自然很难起到正向的牵引作用，反而让员工更倾向于消极应对工作，而非积极追求结果优秀。

原因三，只重视绩效目标的制订和绩效结果的考评，缺乏有效的过程监控,无法对其中的风险进行及时的纠正和调整。从确定绩效目标到达成绩效结果,往往中间会有半年到一年的时长,在这个时间段中,市场环境、政策环境和内部人员的变动,临时任务的增加等因素都会导致年初制订的绩效目标在执行过程中逐渐偏离原先的设定,等到年末再看目标完成情况,自然与实际情况相差甚远。如此一来,开始辛苦制订的绩效考核目标和评级标准也失去了参考价值。但由于没有及时收集和回顾中间过程数据,使得最终考评过程犹如黑箱,考评结果自然难以令人信服。

华为正是在绩效管理中充足控制了风险,并合理规划了绩效管理中的衡量标准,才让绩效管理摆脱了尴尬,实现了组织与员工的共赢。具体来说采取了两项重要举措。第一项举措,是在制订绩效目标时,不仅对个人绩效目标采取分层分级可视化、可量化的描述,还特别重视组织绩效的层层分解和效益挂钩。第二项举措,是将绩效评价体系变成一个围绕着业务进步和业绩提升展开的日常管理过程。在绩效目标制订后对目标完成情况进行持续的过程监控和及时反馈,消除绩效评价过程中的黑箱,通过公开透明的动态追踪来保证最后绩效结果的公正公平。

有句话说得好,一个组织中,明规则没有到达的地方,潜规则就会占据。绩效管理更是如此。如果没有导向清晰、目标合理、权责对等、可量化可执行的绩效目标和衡量标准,那么绩效管理也会成为滋生腐败和潜规则的温床。所以华为对绩效管理的第一点举措确立了三大原则——突出重点、抓主要矛盾原则,分级分类原则和向目标倾斜原则,目的便是让明规则覆盖绩效管理的全流程,让所有员工都在一套公正的价值评判体系中找到自己努力的方向。

所谓突出重点、抓主要矛盾原则,并不是单纯从个人绩效目标的角度制订考核指标,而是在与员工签订个人绩效承诺(PBC)前,先围绕着公司的战略目标进行解码,分解出最主要的业务方向和需要解决的问题,抓重点和主要矛盾，再以此为纲进行各部门和个人绩效的制订。

所谓分级分类原则，就是围绕着总体业务目标，各部门各自领任务，然后向下分解到各个最小组织单位，建立每个组织的 KPI 指标，再根据组织绩效目标，与员工签署 PBC。而在制订 PBC 时，也会根据员工的任职资格和相应的管理层级分配与其权责相配的业务目标。对基层员工的考核强调务实，只从员工所在岗位直接从事的专业项目上来考核，让员工关注本职岗位短期绩效目标的达成和过程行为的规范。对于管理者则不仅需要其关注组织目标的达成和业务规划的落实，更重要的是关注团队管理、干部员工的培养和业务运作。[1] 这样就避免了因员工岗位和责任的错位而产生不公正的绩效评价。

所谓向目标倾斜原则，不仅指聚焦于公司的核心目标，更是指对组织目标的不断分解，让公司的战略目标层层传达到最末端的员工，从而让每一层组织中的每一个人都朝着共同的方向努力。

对组织目标的不断分解，不仅让每一层的部门组织都朝着共同的方向努力，同时也让公司的战略目标传达到最末端的员工。在进行绩效考评时，华为还会将组织绩效结果与员工绩效考评结果结合起来。组织绩效好的部门，个人绩效考评结果为 A 的比例会更高，而组织绩效完成不好的部门则会扩大个人绩效考评结果为 C 的比例，压缩甚至剥夺考评为 A 的人数。这样一来，个人绩效考评结果就与组织绩效形成了强连接，促使每个员工都为组织绩效目标的实现而努力。团队成员按自己的权责和任职共同承担起该层的 KPI 指标，一荣俱荣，一损俱损，从而做到"利出一孔"，内部的协同合作也就更容易达成。

在制订了以贡献为核心，以公司战略目标解码 KPI 为准绳的绩效目标后，便进入了华为在绩效管理方面的又一项举措——过程跟踪与公开。在整个绩

---

[1] 参见《以奋斗者为本》一书中《华为公司绩效管理暂行规定》（2007）的摘要。

效考核期内，公司不仅会进行各种形式的"赛马"，还会不断回顾和公开目标的中期完成情况，对"赛马"的阶段性结果进行公示，对整个过程进行完整记录。这样一来，即便中途出现任何变化也有理有据。要调整，要改变，有特殊情况都可以在这个赛马过程中及时沟通，然后对考核的目标进行合理调整。一旦调整了，最终仍完成不了，就不用讲故事了，而是直接打板子。

绩效过程数据的公开让组织间和员工间有了透明公开的竞争氛围，既以非常开放诚恳的态度告诉员工其与其他人的差距，也强调自己跟自己比的自我改进意识。大家都对自己的整体水平有了清晰的认识，也就减少了在最后考评结果上的扯皮。一旦感到绩效考核能够给予自己公正的评价，员工自然会对组织产生信赖，同时也会更加关注自己的工作对组织绩效达成所起的作用，从而让绩效管理真正发挥牵引作用。

2.2 从战略解码到 KPI 制订：追求公司和员工的双赢

组织凝聚力和向心力是打造良好的团队合作的基础。而良好的团队合作也会给组织和个人带来双赢。历史学者曾发现，中国历史上黄河水患治理和大一统制度有奇妙联系。通过对黄河历次水患所造成的影响进行比较，发现但凡王朝力量兴盛强大时，一般不会发生毁灭性的水患危机，即便有，也不会造成大面积的社会动荡。而到了王朝末世，黄河水患往往会引起连锁反应，造成蝗灾、饥荒以及随之而来的农民暴动。这其中的因果并非如传统迷信所说，是上天对王朝失德的惩戒，而是王朝末世时中央集权失灵，无法指挥调配地方资源，因此才造成重大的损失。而王朝兴盛时国家中央集权强大，可以将全国上下拧成一股绳，地方对中央有强大的向心力，行政命令能充分传达到最基层单位，遇见大天灾，中央政府就能及时地调配调动全国的人力、财力，来抵御天灾带来的社会影响，保障社会稳定和人民的生产生活。

同样的道理，一个企业是否具有强大的生命力和发展活力，关键也在于企业内部从老板到员工能否做到如臂使指，利出一孔。如果能调动起每层组织、每个员工的积极性，让关系到公司命脉和生死存亡的指标能层层分解到最小单位，让公司上下成为共担风险、共享利益的命运共同体，那么这个公司或组织便极具战斗力。

在打造企业和员工命运共同体方面，华为充分运用了绩效管理和薪酬激励两方面机制进行牵引推拉。绩效管理解决风险共担的问题，而薪酬激励则解决利益共享的问题。能为组织分担多少风险，做出多少贡献，就能从组织中分享多少利益，得到多少回报，而这一切便是从公司战略目标解码开始的。

在一些企业，特别是中小企业中，老板往往对企业的业务发展、战略目标和销售收入、利润、现金流等状况讳莫如深，生怕给员工偷去什么重要信息。在给员工制订绩效目标时便是派任务，对于 KPI 只要求执行，却不给任何的解释。员工知其然，而不知其所以然，接任务时一头雾水，执行绩效目标时也不知自己的工作对公司整体战略的意义所在。这些老板之所以采取这样的方式进行绩效管理，要么是因其本身对业务关键指标缺乏清晰的认识，因此说不清，要么就是内心并不认可员工是自己的合作伙伴，只希望从员工那里获取劳力，而不希望员工了解公司整体的经营状况。

华为则不同，在绩效管理方面从来都将员工作为合作者来对待。任总曾反复提到，要认可员工的价值和作用，让员工成为企业的合作者。在企业的产品覆盖率、占有率、增长率等方面的关键问题上，不能把任何部门排除在外，不能让各部门孤立地建立 KPI 指标，而需要从公司总目标出发，进行管理和服务的目标分解，将危机和矛盾层层分解到最小单位，然后让不同层级的员工了解组织目标的意义，从而确立自己的主要绩效目标和工作重点。

除了自上而下的 KPI 层层分解，华为同时也重视每层组织自下而上自发开展业务改进，对业务发展提出自己的想法和建议。如果说自上而下的 KPI

层层分解是为了统一思想，统一方向，打造指哪儿打哪儿的团队目标感，那么自下而上的业务改进则是在公司总体战略方向不变的条件下，充分调动各级主管和员工的主观能动性，让其在自己的工作领域和业务领域主动寻找战机，主动改进和优化工作效率，提升业绩。

以我曾工作过的马里代表处为例，这个华为销售体系中的基层单位每年年末其ST[①]成员，包括代表、副代表、HRBP、系统部主任等都会奔赴埃及，参加北非地区部各个业务线的年会。与一般年会以轻松、娱乐和表彰为主的气氛不同，华为的年会往往都以总结、讨论和培训为主，每次年会都相当于对基层干部的一次封闭培训。其他公司地方的管理者参加年会犹如度假，而参加华为的年会甚至比平常工作还紧张，日程安排从早到晚日夜不歇，白天是各种正式主题研讨和培训，晚上大家还要聚在一起交流心得，分享实际工作中遇到的问题。

年会主题一般包括传达公司的战略和主要的KPI目标、地区部的总结和业务规划、各代表处相关业务开展情况评析、公司最新的管理改革指导思想和政策解释，等等。待地区部年会结束，代表处的ST成员们便会带着本业务线的相关要求和最新思想回到代表处，召开代表处ST会议，汇总各方面KPI指标要求，开始讨论和拟定代表处的业务目标承诺。

由于每个地区、每个代表处在这些KPI指标上的历史表现不同，当下需要解决的问题也不同，因此每个代表处的ST团队都会针对自己业务的主要矛盾，提出有针对性的改进性目标，提交地区部审核。而地区部在汇总每个代表处提交的组织绩效目标后，会从地区部整体战略出发，与代表处ST进行商讨，最终达成一个双方共赢的绩效目标。

---

① ST，Staff Team，意为办公会议，华为实体组织进行日常业务协调与决策的平台，为保证执行的高效，采用行政主管权威管理制，同时通过集体议事，集思广益，避免或减弱主管个人管理的风险性和片面性。

当代表处的绩效目标确定下来后，这些代表处 ST 成员便开始着手向本团队的员工介绍和解释，为实现代表处的业务目标，本团队应将哪方面工作作为重点，然后再辅导员工提交自己的 PBC。PBC 内容包括个人绩效目标和组织绩效目标。个人绩效目标代表着个人独特的工作贡献和价值，而组织绩效目标则代表着组织整体目标的完成情况。一般来说，组织绩效目标占个人绩效评分的 25%~30%。也就是说，哪怕你个人绩效目标完成得再好，如果组织绩效整体不达标，你也只能得 70 分。这不仅体现了华为"只有成功的团队才有成功的个人"这一指导思想，还让每个员工都成为完成组织绩效目标不可分割的一部分。这样一来，即便在工作中各部门因不同的 KPI 产生矛盾冲突，也会因相同的组织绩效目标而迅速冰释前嫌，寻找最优的协调方案。团队合作便在这样的机制下不言自明。

在制订这些目标时，每一项都需要对应相应 KPI，列出清晰的关键动作、完成的时间节点和目标完成的标志。没有一项指标不和业务直接相关，也没有一项指标不是针对岗位贡献进行评价。

在这样的战略目标分解下，不管是居于北京上海这样的繁华都市，还是身处偏远的西非之南，只要是华为人都会看到任总发表的最新指导性讲话，了解公司的发展情况和战略目标，紧紧跟随公司的业务发展步伐做出自己的承诺，并为此不懈努力。而其为达成目标所付出的时间和精力都会从组织绩效的良好反馈中得到回报。于是绩效管理便成为带动公司全员血液流动的心脏，实现了公司和员工的双赢。

2.3 赛道管理：让每个人都有自己聚焦的核心目标

在进行诸如举重、柔道等国际体育比赛时，会将运动员按体重分成不同量级，让同一量级的选手同台竞技，而不会让不同量级的选手混合交战。这样做的原因很简单——为了保证比赛的公平。如果混合在一起比赛,那么永远会是体重更重的人占优势,但这样就失去了体育竞技的初衷,变成了单纯拼体重了。只有将同样重量级的选手放到一起比,大家在身体条件差不多的情况下,才能真正角逐出谁更强,才会促进选手不断开发身体潜能。

同样,在绩效管理中,唯有将职级相等、岗位相同,背负相同重量级 KPI 指标的员工放入同一组进行评价,才能真正比出员工的岗位胜任能力和岗位贡献度。

为此,华为在绩效考核中划分了不同的赛道,让代表处代表与代表比,HRBP 与 HRBP 比,大 T[①] 系统部主任与系统部主任比。这样一来谁能在赛道中拔得头筹,就意味着谁更胜任当前的岗位,谁的岗位贡献度更大,谁的管理能力更强。通过赛道管理,新员工不必怕因在公司经验不足、流程不熟而被老员工的光芒所埋没,普通员工的工作贡献也不会被管理者据为己有。尸位素餐、滥竽充数在赛道分化下无所遁形,而真正的千里马则会在这一过程中脱颖而出,并不断积累成长。

即便是对相同职级、相同工作岗位且背负相同重量级的 KPI 指标的员工,华为也会根据地区与地区间市场情况、客户关系、国家法规等差异,设置不同难度的具体指标。分出层级岗位赛道只是第一步,保证评价公平,还要为赛道中的考核设置指标。比如同样是代表处,一个具有大量客户关系积累、市场良性竞争的代表处和一个需要进行市场拓展、"洗盐碱地"、进行项目攻坚的代表处,在销售收入上的实现难度和量级上设置的 KPI 目标就不同。因为如果用销售收入的绝对值为标准进行比较,那么势必没人愿意去做"做洗盐碱"和啃骨头的工作,也不会愿意承担风险巨大的攻坚项目。毕竟趋利避害是千百年来人类演化出的生存本能。在这一点上,华为从不高估人性、挑

---

① 大T,电信行业用语,即大型运营商(Telecom Operators)。

战本能，而是用向目标倾斜的考核机制代替向成功倾斜的评价趋势。

只要员工朝着目标的方向努力，尽到了自己的职责，完成了目标就给予肯定。如果说员工的目标达成了，但项目不成功，该反思的是领导自己。毕竟一个项目干不干是领导决定的，员工付出了努力就应该得到相应的回报，这样员工在跟着领导做项目时才会甩开膀子加油干。如果一个领导总将失败"甩锅"给员工，让员工承担决策失误导致的后果，那么员工下次再干项目时便会犹豫算计自己的利益得失，会对领导的承诺产生怀疑，从而破坏管理者和员工之间的信任关系。但如果采用目标考核制，情况就完全不同了。

华为的赛道考核中，目标的绝对值只对员工自己有意义，只应用在自己跟自己比是否进步的层面上，在与他人进行横向比较时，采取的则是绩效目标完成度综合评分制。也就是说，虽然担负同样重量级的 KPI 指标，但每个指标会根据不同市场、不同项目的具体情况分配不同的评分权重，制订不同的具体目标，赛道打分时根据不同业务目标的完成度和权重，折合成相应分数，横向比较时按照所有分数的加权总分排名，这样就形成了一个兼顾横向比较与自身业务改进的良性赛道机制。

比如某代表处的销售收入虽然可观，但项目利润不理想，项目管理的成本高，在设置目标时就会将利润提升作为该代表处的主要任务，加大这一项的评分权重。这样一来，即便是该代表处的销售收入仍优于其他代表处，如果项目利润不提升，也会导致评分落后。

又比如，一个代表处如果业务中的顽疾是运营商拖欠的历史应收账款太多，那么就会着重考核这一项的改进，同时兼顾其他 KPI。这样一来，哪怕该代表处当年完成的销售额不及其他代表处的一半，只要这个主要矛盾解决到位，其他项能完成自己的既定目标，那么其综合评分依然会排在前列。这样一来，该代表处的代表便可无后顾之忧，集中主要精力，想尽一切办法攻坚克难，收回应收账款。而对于这样的追债英雄，公司也同样给予价值肯定。

在这个机制下,虽然每个人都在绩效管理铺设的赛场上奔跑,与其他人同台竞技一较高下,但所有人都能在属于自己的赛道中找到自己需要聚焦的方向和具体目标,体现自己的独特价值。只要专注于自己的业务目标达成,做出岗位所需的贡献,不断地和自己较劲,评分自然会高。这样一来,员工既不必嫉妒他人的成绩或觉得别人的成功更容易些,也无须在拿奖金、谈贡献时顾忌上司的喜恶。员工工作的积极性自然高涨,绩效管理便真正起到了激励员工奋进的作用。

2.4 赛马公开:让目标完成的过程暴露在阳光下

2009年,华为进行IFS(集成财经服务)流程改革时,任总曾与财经体系员工座谈,提出了一个后来在华为广为流传的观点,那就是"要用规则的确定来对付结果的不确定"。他谈到,对未来公司的发展,没人能非常清楚地看到能到哪一步,因为公司的设计者不仅是公司的管理者,还有整个社会和环境,所以不可能理想主义地来确定未来的结果是什么,但可以确定一个过程的规则。[①]

其实不仅是在财经服务上强调过程规则的重要性,华为在以往诸多管理和流程改革中都贯穿着这一思想。比如在产品研发中采用IPD(Integrated Product Development,集成产品开发)流程,就是为了在研发每一个新产品、新功能时,都能做到仔细评估风险、预防问题,在过程中不断把控过程的规范。这样一来,流程环节虽然看上去长,但因过程出错少,返工率减少,反而研发效率更高。即便不能保证所有研发都100%成功,但对于失败,发现问题的时间点也会大为提前,可做到及时发现、及时止损,而不是到最后一

---

① 来源:《任正非与IFS项目组及财经体系员工座谈纪要》(2009年)。

步才发现重大疏漏，造成重大的损失。对绩效管理，过程监控同样重要。

虽然好的开始是成功的一半，但如果在过程中没能把控好剩下的一半也很难实现目标。公司战略的层层解码、KPI 和个人 PBC 的制订、合理的赛道设置都为良好的绩效管理效果开了个好头，那么剩下的一半成功便在于过程工作了。如果目标制订后对过程放任不管，那么最后的结果大概率不会好。相反，如果做好了自己过程中该做的事，达到了该达到的过程目标，就相当于控制了 90% 的结果。即便剩下 10% 不可控，结果误差也会被控制在合理的范围之内。而过程最重要的一点就是公开透明，唯有将过程暴露在阳光下，懒惰和腐败才无所遁形。

魏晋时期"竹林七贤"之一的阮籍曾短暂地担任东平地方官。他上任后发现东平府衙内的行政效率十分低下，案卷堆积如山。他并没有急着处理这些案卷，而是到府衙的各个机构转了一圈，回来便做了个决定——拆掉各办公人员之间的墙，"使内外相望"。就这样一个简单的行动便让整个府衙的行政效率低下的状况彻底改变。打通了物理空间，让人们都能看到彼此的行为，也就没谁敢偷懒，也不用对劳动纪律三令五申。不过十来天的时间，东平府衙内积压的卷宗便处理完毕，地方上的大事小情也都理顺了，阮籍闲来无事便骑着毛驴回家去了。

在这个过程中，阮籍只做了一件事，将过程公开，便让整个府衙的绩效得以提升。足见过程透明公开，不管是在古代还是现代，都对人们的行为有着重要影响。如果过程是不透明的黑箱，即便三令五申也杜绝不了浑水摸鱼；如果过程都暴露在阳光下，那么就会激起人们的羞耻心，谁都不愿意成为吊车尾的人。

在华为的销服[①]体系中，对代表处和地区部的考核采用的就是公开的赛马

---

① 销服：即销售与服务体系，在华为，销售、交付和售后服务属同一系统，就是为了打通从售前到售后的全过程。销服体系从代表处到地区部，所有一把手既为销售业务负

机制。绩效考核目标虽然是一年一定的,但这种赛马排序却每个月都有,而且在每个季度还会分别召开地区部和代表处的电视电话会议,进行公开的业务点评。犹如环法自行车赛,沿途设置多个赛点,每个赛点选手都会留下成绩记录并进行名次排序。虽然过程成绩并不能决定最终的成绩排序,但过程数据依然会作为最终评议的重要参考。

每个季度地区部主持的代表处电视电话会议,都会让每个代表处的 ST 成员严阵以待、战战兢兢。一般来说,会议会首先公布季度核算的综合评分,然后便针对每个代表处完成进度落后的项目进行问责。代表处则需要对业务的现状和改进措施做出说明。而这样的过程完全向所有代表处与会者公开,没有任何避讳。

对于排名垫底的代表处,来自地区部的问责有时会异常尖锐,甚至会因一个数据或一个目标解释不清而直接质问该代表处的负责人,到底是态度问题还是能力问题。如果承认是态度问题,就要当着所有其他代表处的面承认错误;如果承认是能力问题,则可能面临易岗易薪;如果两者都不承认,则会被地区部各个业务线的业务精英们逐条追问,最后无法自圆其说只会更加尴尬。这样的公开问责,对所有代表处来说都将是一次心理上的巨大考验,在这样的众目睽睽之下,对自己的落后没人能淡然处之,更无法靠内部公关蒙骗过关。

当然,除了问责还有公开的表扬。这种公开的表扬不仅让那些表现优秀的代表处受到尊敬,也让它们同时受到众人的监督。对在会议上公开的数据,每个人都有权提出质疑和咨询,而代表处的相关责任人则需要当众做出解答。

大家有什么话都摆到明面上来说,桌子底下的小动作也就少了。正所谓"知耻而后勇",对过程结果不服气的就用自己的努力和实力证明自己,改变

责,也为项目交付和售后服务的结果负责。

现状——毕竟还有改变的时间和空间。这样，当最后一个季度到来之前，大家其实对自己代表处的业务完成情况和排名都有了合理的心理预期。

最终考评时也无须讲故事，所有异常的数据都会在众人的目光下受到审视。一切考评结果皆有量化结果和过程数据作为依据，输的人愿赌服输，接受惩罚，赢的人堂堂正正，得到奖励，绩效管理才真正起到了价值评价的牵引作用。

2.5　绩效综评上紧下宽，不拿基层当垫背

在孙俪和赵又廷主演的职场剧《理想之城》中，一开场便是一出"甩锅"大戏。在一安居工程的建筑工地上，一临时墙面在领导视察工作时轰然倒塌，承建的建筑公司天科和分包的甲方公司众建两方相互推卸责任，后来在各种利益权衡之下，双方各打五十大板，承担相应事故责任。而甲方监理的直接负责人余经理怕自己与天科暗通款曲的事情败露，将监督不力的责任推给了其下属成本主管苏筱。结果事故处理到最后，所有的领导虽受到一定的处罚，但都没有丢掉自己的职位，反倒是与这次事故没有直接关系的小职员苏筱成了超级"背锅侠"，被公司开除，丢了工作。

电视剧能拍出这样的情节，可见这种将项目失败或事故责任推诿给下属、"甩锅"给基层员工的做法，是现代企业中相当普遍的问题。我甚至还曾见过一位老板，根据财务统计项目明明赚了钱，只是没有达到她所期望的项目利润，就将这一问题归罪于下面执行的员工，在员工身上找各种缺点，并借此取消之前承诺的年终奖，却从未想过其实是自己的项目决策出了问题。

但这样的职场问题在华为却鲜少发生，奥秘便在于，华为在进行绩效考核时，将管理者职责和基层员工的岗位职责分得很清，对普通基层员工和管理者的考核存在不同的考核标准和维度。

总体来说，基层员工只对岗位负责，而管理者则需要对整个团队或全流程的成败负责。管理者的层级越高，所担责任就越大，考核条件就越多、越苛刻。因此，在华为，管理者层级越高越是如履薄冰，基层员工反倒更轻松，放得开手脚。

就像科学的跑步训练往往从热身开始，训练强度从低到高循序渐进才能让肌肉耐力得以持续加强，同时避免肌肉拉伤一样，华为对员工的培养也遵循循序渐进、逐步试用的办法，让员工得以小步快跑，能力稳步提升。

对基层岗位的绩效要求往往更聚焦于其岗位本职工作。一般只选本岗位直接负责的专业项目来进行考核，要求的是干一行专一行，不要求其一专多能。这就是为了让员工在基层实践中牢固掌握所在岗位和流程环节的规范动作，树立良好的职业化和专业化态度，为其成为管理者或专家打下坚实的基础。只有在本职岗位上做到优秀的员工，才有可能得到晋升的机会，被授予更多的权责。

坊间流传华为对员工要求严苛，其实严苛的要求更多是针对管理者和专家级别员工的。对于基层员工，只要遵守劳动纪律，按岗位要求完成他所负责流程环节的规定动作，贡献大于成本，原则上不会被公司淘汰开除。实际上，这些年除了那些触碰华为高压线的员工被公司劝退，华为从没有进行过主动裁员。尤其是有了后备资源池机制后，所有被管理流程改革挤压下来的人员，均可以通过重新培训学习和内部择业，只要想留下的都在公司找到了新的岗位。

华为虽然希望员工认同企业价值观，但对基层员工也保留着一定灰度，不做诛心之论，只看实际行动效果。任总说，哪怕这个人的奋斗是装装样子，能装一辈子也成了真奋斗。实际上，流程规范与岗位贡献要求对人的职业品格的塑造，作用远大于单纯的文化塑造。与其让员工违心地对公司喊口号表忠心，不如让流程制度去约束人的行为。当行为改变了，思想也会在潜移默化中发生改变。

相比于对基层员工的宽容，华为对于管理者和专家的考核方式和态度则截然不同，团队经营责任和组织 KPI 则直接关系到他们的生死存亡。

比如，在一般的企业中，销售主管只对销售收入负责，至于客户服务、交付、回款、利润等都不在其考核的范围内。但华为销售前线的各代表处和办事处的代表和主任却需要对售前售后全流程的经营指标负责。这些代表和主任不仅是维护客户关系和签单的主帅，更是项目交付、维护、运营、回款、利润、现金流的第一责任人，同时也是团队建设方面的第一责任人。任何一个指标和环节出问题，首先问责的就是代表和主任；任何一个员工出了问题，代表和主任同样承担主要责任。这样就逼着这些代表和主任们学会真正从经营公司的角度去经营每个代表处，既不能为了追求高销售额盲目扩张，也不能为了保证利润而丢弃战略攻坚。

在文化价值认同方面，对基层员工，公司在考核时只看其岗位贡献，遵守公司一般的劳动规章即可，但对于管理者就不仅看技能、看贡献，还要求其对华为的价值观有明确的认同感，有奋斗意志，有干劲，有敬业精神、献身精神、责任心和使命感。所以干部要接受 360° 环评，要进行自律宣言的签署和宣誓。

在团队建设方面，华为要求管理者要成为本部门或代表处全体员工真正的领导。要组织代表处各工种协同作战，打通部门墙，要关爱员工，爱兵如子，善于团结人。每年的干部自我批判时，都需要当着部门全体员工的面完成自己的反思和反省。对于不会带团队、组织绩效不好、作风有问题的干部，则严格执行 5% 的淘汰机制，降级为普通员工使用，工资也会随岗位做相应调整。

总之，在绩效考核中，华为始终贯穿着权责对等的理念。越是对管理者，华为的要求越是严格，越是对基层，华为反而要求越宽松。这样一来，公司便形成了一个喇叭口式的管理者选拔机制，不仅保证了对奋斗者的包容性，同时也加强了管理者的责任意识，让绩效管理成为每一级奋斗者的航标灯。

> 价值评价解决的是公正问题，价值分配解决的是公平问题。所以，人力资源管理说到底是解决两个普遍存在的组织问题：公正和公平。这两个问题解决好了，员工的目标和企业的目标就实现了最大限度的一致，全力创造价值的动力也就有了不竭的来源。
>
> ——《以奋斗者为本》

第3章 丰厚多元的回报机制：不让奋斗者吃亏，不让效率滑坡

合适的绩效管理机制让员工在企业中有了工作的目标感和方向感，但想巩固员工对公司价值评价体系的认同，使之愿意为绩效目标奋斗，最终还得落实到回报上。

古典经济学之父亚当·斯密在《国富论》中提出过一个著名的"经济人"假设。他说，"经济人"的趋利本能，决定了人的理性原则是"付出最少，得到最多"，通过对"成本—收益"的计算，优化对机会的选择。这一观点虽然听上去不那么高尚，却揭露了经济社会中一个不可否认也不可忽视的人性特

征——在社会中虽不乏那种品德高尚、毫不利己专门利人的圣人，但更多人都不过是为生计奔波的普通人。这样一来，获得财富就成为大多数人努力工作的主要动因。

因此，公司对外的成功与否取决于其盈利能力的强弱和效益增长的快慢，而对内的成功与否则取决于能否通过利润的合理分配促进企业盈利能力的不断提升。这种合理分配不仅能让企业经营者获得足够的资金，投入企业所需的再生产中，更重要的是能让企业员工从自己的劳动中获得合理公平的回报，满足其物质生活和自我实现的需要。

《国富论》第一篇第八章"劳动工资"中写道："劳动的工资是对勤奋的鼓励，而勤奋又像人类的其他任何一种品质一样随着它的鼓励而更加提高。"试想，如果一个企业中，总是老板或少数几个企业高层赚得盆满钵满，而员工在各自的岗位上为公司整体收益付出劳动和努力，却永远只能拿到较低水平的工资和固定比例的奖金，无法分享公司财富增长所带来的红利，那么如何能指望员工与公司同舟共济，又如何打造一个员工与公司的命运共同体呢？相反，如果员工的工作成绩和岗位贡献能换来丰硕的回报，那么员工便舍得在下一个业务目标中拼尽全力，以获得更高的收入，同时也能对公司的评价体系产生信任感，并逐步加深对公司的价值认同，由此便可形成一个激励的正向循环。

不过，要想使经济利益为员工提供持久动力，在制度设计方面就需要对抗另一个经济学理论——边际效益递减。围绕着固定薪酬和福利设计的传统薪酬体系往往受到边际效益递减的困扰。涨工资所带来的工作兴奋度往往只能维持一段时间，随着工资基数的不断提升，涨工资给员工所带来的兴奋感会不断减弱，兴奋持续时间也会不断缩短。公司人力成本增加，其贡献的增长却反而会减缓。长此以往，势必会让公司出现一批食利群体。他们拿着高工资，凭借着在公司积累的经验和人际关系混得如鱼得水，而真正干活的主力往往是工资不高的新员工或基层员工。这样不仅会让企业背上沉重的人力成本，导致公司利润下降，还会破坏公司内部价值分配的公平公正，导致公司内部斗志不足，优秀员工大量流失。

这类员工收入和企业经营成本之间的矛盾，在现实中困扰着许多企业经营者，仿佛鱼和熊掌不可兼得。但华为却做到了鱼与熊掌皆有。在员工薪酬回报方面，深谙"人才即资本"的华为，从开始便十分注重用高薪招揽人才。即便是在经济不景气的年份，华为在招聘时开出的待遇水平也常让人惊叹，华为员工平均收入高也经常成为社会上广泛流传的故事。但这些拿着高收入的员工似乎并未受到边际效益递减的影响，减少自己的工作时间和精力投入，反而收入越高越愿奋斗。每年拿着上百万元年薪的老员工，和新员工一样勤奋努力玩命干活，从未有一丝懈怠。而华为也没有因员工的高收入而控制不好人力资源成本，相反，华为的人均效益和整体收益都在不断改进增长。华为靠什么跳出这样的矛盾，获得企业与员工收入的共同增长？所有的秘密都在华为的薪酬激励机制中。

3.1 大薪酬包小工资：华为薪酬体系的核心竞争力

虽然华为的薪酬在业界有口皆碑，但若细究起华为人的日常工资单，你会发现并不像想象中那样有吸引力。如果单以岗位的固定工资论，华为人的工资水平其实并没有什么特别之处。对应届毕业生而言，不管处于什么岗位，只要是相同学历，薪酬便一律拉平，不同学历之间的梯度差别也不算太大。以 2021 年华为应届生招聘公布的基本工资为例，本科 9000 元，硕士 1 万元，博士 1.1 万元，年收入也就 10 万元左右，在深圳高科技企业中，华为的员工工资水平并不算拔尖。

另外，不像其他公司喜欢将岗位工资做一些小维度的划分，分成补贴、绩效工资等小项，华为的岗位工资就是光溜溜的一块，个人所得税、五险一金全按照这个基数来算，既不挖空心思地合理避税，也不故意选择较低水平来缴纳社保，对于住房公积金则按每个城市和地区的相关政策来，既不多交也不少交。总之，华为员工的日常工资表一切中规中矩，简单到乏味。扣完个人所得税和社保，员工实际拿到手的工资大概也只有税前收入的三分之二，每个月把房租水电或房贷一交，手上能用于日常生活开销的工资所剩更少。

不仅基本工资不算高，华为的日常福利也不多。一些企业逢年过节按惯例发放的小福利或过节奖金，华为几乎从来没有。即便是像端午、中秋这样大家都习惯于发福利的传统佳节，华为行政平台提供的粽子和月饼的寄送服务也都是由员工自愿申请购买的，买礼品的钱直接从申请员工的下个月工资里扣，而非公司赠送礼品。这样精打细算的福利政策和淡漠的态度，让人乍一看会觉得华为似乎缺少点人情味。

但有趣的是，即便基本工资不算优沃，又少了许多节日福利，华为人却从不计较这些。每个人都会为自己的岗位工作拼尽全力，为完成绩效争得头破血流。即便是自己多付出许多时间，华为人也少有抱怨，只要能按时交付项目便好。这样高尚的华为人是特殊材料制成的吗？员工的奋斗觉悟比一般人高吗？非也。华为人也都是普通人，他们的这种奋斗精神，完全来自华为薪酬结构的设计中对企业价值分配的多维度考量。

华为的价值分配不仅仅是从员工和企业进行劳动贡献与报酬的交换这一角度去考量的，更是从剩余价值的矛盾去考量的。《资本论》向我们揭示，生产者和生产资料及产品相分离，使得企业所有者所关注的增值部分和员工所关注的增值部分截然不同。企业所有者更关注产品价值的增值，而员工关注的是劳动价值的增值。产品价值如何增值？更低的成本，更高的价格。劳动价值如何增值？更短的工作时间，更高的回报。如果企业所有者对剩余价值全盘占有，员工与产品价值绝对分离，那么造成的局面必然是员工对企业所有者的强烈不满和对立情绪。在这种状况下，不管企业所有者制订怎样严格的劳动纪律和规定，不管如何进行企业文化宣传，依然挡不住员工上班"摸鱼划水"，就更不用提与企业共同奋斗了。

因此，华为员工之所以能从被动奋斗变为主动奋斗，不是靠企业的强势，而是因为华为在进行价值分配时便充分考虑了个人与集体、劳动与资本、公平与效率、短期与长期、历史贡献者与当前贡献者等多重维度，将基本岗位工资、福利、短期激励、长期激励、非物质激励统统纳入薪酬结构，进行统一考量，根据不同层级员工的不同需求层次，调整这几个部分在薪酬包中的分配比例，从而实现多重、多次、多利益分配，确保公司与员工各方面利益趋于一致。利益方向一致了，努力方向自然就一致了，这样也就为员工奋斗与公司战略协同提供了强有力的支撑。

观察华为员工的薪酬结构，你会发现尽管员工的基本工资和福利（比如社保、高额商业意外险和医疗救助险，为外派员工按照地区提供的艰苦补助、伙食补助、安家费等）一直随职位上升而稳步增长，但其所占的比例却在不断缩小。即便是对于刚入职的应届新员工，基本工资加福利在总报酬中占比最高，其占比也不过占到40%。随着员工的职级上升，其基本工资加福利的占比会呈梯度下降，到高级别的管理者和专家那里，基本工资加福利占总报酬的比例则会降到10%~20%。而短期激励和长期激励、非物质激励等反倒成了员工主要的收入来源。当基本工资真正成为员工的"零花钱"，人们努力工作的动力便不再是涨工资，而是那些带来不平衡、不稳定，且个体差异巨大的激励。

一个员工如果能从公司拿到丰厚的报酬，自然会对公司产生忠诚感，这会增强员工的稳定性。但如果这个丰厚的报酬是不稳定的，员工便会为保持稳定而持续奋斗，比如一个15级的员工，虽然基本工资不如16级的管理者，但如果其因绩效为A，拿到的项目奖多，总报酬是高于这个16级但绩效为B

的管理者的，这时员工对基本工资的依赖和职级高的优越感就会耗散掉。工龄和资历的优越感耗散了，低层级的员工看到了努力付出可能得到的回报，便会持续进步，而管理者也会因受到正向刺激而倍加努力，从产生一种持续奋斗的势能。

华为正是通过这样一种薪酬结构设计，实现了岗位价值的稳定和贡献价值的不稳定间的动态平衡，用激励报酬之间的不均衡弥补了岗位基本工资增长中的边际效益递减，把员工导向冲锋，导向奋斗。没人敢坐在原来的功劳簿上坐享其成，但每个人都分享着项目成功和公司发展所带来的红利，付出和贡献便有了持久的动力，有效避免了组织惰息的"黑洞"吞噬企业的活力与光热。

3.2 员工的奶酪从不轻易给也不轻易动

员工的奶酪是什么？主要指企业支付给员工的基本工资，国家法律所规定的五险一金、年假等社会福利以及企业给予员工的其他福利，比如为员工集体购买的商业意外保险、年节的红包或实物福利，等等。这些基本工资和福利存在的目的是保障劳动者能有足够的能力维持其基本生活的正常运转，并为再生产做准备，其意义在于增加安全感，而非激励。因此在这方面做得好无过无功，做得不好则会直接招致员工对企业的不满，激化矛盾。

在企业中，利润分配也关系到企业内部的和谐和稳定。许多企业在吸引人才和留住人才方面，往往喜欢大谈感情留人、事业留人，喜欢琢磨奋斗导向的企业文化这些形而上的东西，在公司的价值回报体系上采用的仍是以工资为中心的薪酬体系。有些企业的老板不仅在五险一金上刻意按较低标准缴纳，甚至还喜欢将所谓的"绩效工资"与岗位基本工资混为一谈。招聘时说月薪是 8000 元，实际发放工资时却将其中的 2000 元变成绩效工资。说是绩效工资，却又无合理的绩效考核制度作为依据和支撑，结果最后就成了员工的劳动态度工资。老板觉得员工劳动态度好，事情做得多，就发全额，老板对员工有意见，就借故不发，自以为能以这样的方式驯服员工为己所用。在奖金发放上，年终奖拉不开差距，项目奖又分配不公平、不及时，甚至会故意抹杀员工功劳，于是其他企业开高20%的工资便足以挖走自己的骨干员工。有些老板抱怨说员工难留，人心难测，却不知没有一个有吸引力的薪酬结构和激励回报机制做基础，感情和事业都不过是空中楼阁。

当今社会，员工对于企业来说已经成为最重要的资源之一。要维持人力资源的可持续性再生和价值创造，支付工资和提供相应福利就是每个企业经营者最基础的责任和义务，也是一个企业对员工最基本的信用与尊重。虽然基本工资和福利在华为的薪酬结构中占比不大，但华为对此却充满谨慎和敬畏。

华为充分懂得基本工资和福利是薪酬结构中的刚性部分，一直警惕着高工资、高福利对企业的威胁。工资和福利一旦允诺了，涨上去了，就很难减下来，若要减少势必引发员工的怨恨和不满，影响员工对公司的信心与认同。因此，一个福利政策的推出若只着眼于短期利益，那么势必成为饮鸩止渴，正因有这样的领悟，华为在定岗定级定薪和福利政策方面始终遵从如下三个原则。

第一，对于像五险一金及节假日加班工资这样有国家法律明确规定的部分，严格按照国家法律执行，绝不在基本福利保障方面对员工有任何的亏待。因此在员工五险一金方面，华为从来都是按照岗位工资的全额进行计算，并随着员工工资的实际增长来调整相应缴纳金额。

第二，对于岗位基本工资，参考行业市场实际情况进行定岗定级定薪，并有规律地进行薪酬体系回顾和审视，看目前公司的基本工资水平是否具备合适的竞争力。对于公司发展急缺、市场供给少于需求的岗位，华为则会参照主要友商，选择较高工资价位，但同时也会考虑与内部已有岗位工资的平衡，及时调整相应岗位的工资，消除工资倒挂的情况。

第三，其他福利政策一律按照"保障冲锋，保障员工工作环境安全"的原则进行制订。比如华为开始进军海外市场时，意识到全球很多地区的工作和生活环境中存在疾病、战乱等诸多风险，因此专门为员工和员工家属购买了商业旅行险等商业医疗保险。与此同时还与 ISOS 紧急救援等全球性医疗服务组织建立了密切的工作关系，确保派往海外的员工和家属获得及时、快速的意外救助。

相反，对于像在重要传统节日发放实物或红包这样的员工福利，华为则不在公司层面做统一规定，而是以给每个部门一定量的团建消费额度的方式操作。各部门可以根据情况自行安排。每年团建消费额度用不完，部门主管会被内部问责；团建消费额度用完则需要保留相应的消费记录，以备审计。如果团建费用不够，部门主管又想提升团队气氛，那么就由部门主管自掏腰包贴补。于是在华为，由主管自掏腰包请部门员工吃饭，或在代表处年会上由代表、副代表赞助抽奖也成了惯例。

这样一来，不仅让主管们主动担负起团队管理的责任，在团队建设上也更加富有弹性和主动性。同时，通过这样的方式，也减少了下级为了迎合上司进行人情往来的不良风气，促进了华为干部的廉洁自律。

福利一旦确定，华为就不会轻易动员工的这份奶酪。任总在许多人力资源相关会议上都谈到，虽然刚性的薪酬会在公司整体的薪酬体系中适当下降，但也不能采取降薪这个措施。因为华为认为，降薪是培养懒汉的，只会造成员工破罐子破摔的恶性循环。任总认为提高人均效益应该动心思的是奖金激励机制，让奖金激励更多地向创造绩效的员工倾斜，这样才能产生正向牵引。因此，在华为，不管员工的绩效如何，基本工资永远和他所在的岗位和职级强相关。即便员工绩效为 C，他属于 15 级就依然拿 15 级应有的工资，并享受相应福利，这便是华为的大气和对员工的诚信。至于绩效一直不佳的员工还能否安坐在同级别位置上，对浑水摸鱼的员工如何处理，那体现的就是华为的智慧了。

3.3 打破平衡，让奖金成为奋斗者的军功章

有些企业在薪资和福利上做得不赖，各方面看都十分有竞争力，却仍然留不住人。问题往往出在奖金分配上。上节说到工资和福利属于薪酬包中的刚性部分，主要目的是为员工提供劳动和生活的基本保障，因此不能乱给也不可乱动，那么真正能起到激励和绩效导向作用且具有弹性的部分便是奖金。

有些企业在奖金方面的政策，与其说是死板，倒不如说是小气。一些老板总认为员工的业绩都是依靠公司的资源拿到的，而资源往往掌握在自己手里，因此公司付了员工"高工资"，员工就应该做出贡献。他们这样想其实是将员工放到了自己的对立面去考虑问题，却没有想到，如果没有员工一个客户一个客户地做方案、维护关系、做贴身服务，自己手上的资源如何能真正变现为收入？

反观任总在这一点上就表现得十分大气。在他看来，所有项目的成功都与员工的努力和贡献密不可分。既然钱是大家一起挣的，那么公司的利润、项目的收入便应该和员工一起分享，而且分奖金绝不能抠抠搜搜，绝不允许高层管理者吃饱就不管下面兄弟们的死活，在奖金上苛待贡献者。在这样的思想指导下，华为的物质激励便成了最能激发员工工作动力的武器。

在华为，物质激励大致分为两类，一类是直接与公司或部门经营效益强挂钩的短期激励，另一类是分红型的长期激励。虽然看上去和一般大企业所采取的激励手段差不多，但在长短期激励的设计、应用方面，华为有着独到的眼光和策略。

短期激励方面，可以用"花样百出、大方大气"八个字来形容华为的激励特色。短期激励大体分为年终奖、项目奖和优秀奖，每种奖金都足够令人期待。

就拿年终奖来说，大部分公司的年终奖都是在每年年末发放的，依据绩效考核结果和岗位职级，按固定比例计算奖金。一个年终奖奖金包一般奖金数额相当于双薪或三薪。由于年终奖金额的划拨根据每年预算业绩而非公司的实际业绩计算而来，因此基本上都是固定额度。公司实际业绩好也不会多发，公司如果预估业绩差却有可能会少发。这相当于是老板让员工承担了企业的经营风险，却没能让员工享有企业的实际盈利。

但华为的年终奖则不同，华为的年终奖发放时间不是在每年年末，而是在第二年的五六月份，因此常被员工调侃为"年中奖"。华为之所以年终奖发放得如此晚，不是公司有意拖延，而是因为每年的年终奖奖金包完全来自公司的实际收入和利润。每年年末财务总账往往要到次年二月份才能出结果。然后根据财务得出的实际收益开始分奖金便到了四五月份。公司除了留足用于再生产的利润，多赚的钱基本是有多少发多少，上不封顶。这样一来，员工明白这是公司在与自己直接共享获利。因此每年华为的年终奖虽发得晚，但员工都很淡定。因为只要绩效没问题，一个年终奖奖金包砸下来往往比年度基本工资的总和还高，甚至是基本工资总和的两到三倍。

除了回报丰厚的年终奖，华为针对研发和销服这两个公司核心业务体系，还设置了品类繁多的项目奖，比如攻山头奖、回款奖、重大销售项目奖、交付项目奖、重大研发项目奖、产品功能改进奖，等等。有些是从项目利润中划比例抽成形成项目奖金包，有些则是在立项时就许下重诺，谁能拿下山头谁就领奖金。正所谓"重赏之下必有勇夫"，对于任何想通过自己的努力改变命运的年轻人，华为的项目奖会为他们提供各种机会实现自己的财富梦想。

琳琅满目的项目奖为每一个为公司项目付出努力的项目组成员提供了丰

厚的回报，即便是一个普通员工，也可以通过对项目的投入和努力，让自己的收入得到大幅度的增长，甚至可以得到与部门主管相似的总薪酬。这种突破职级和时间限制的收入增长，就像《头号玩家》中的通关设置一样，尽管通关晋级之路十分艰难，但并不妨碍人们体验这一过程所带来的快感。员工除了努力晋级获得通关成就，沿路也能靠努力收获"金币"和"装备"。这种即时激励刺激着人的兴奋神经，也在拉开优秀和后进的差距。努力而优秀的人会在不断的积累中不知不觉晋级成大神，而后进的人就要奋起直追。

此外，针对平台性的岗位，华为也会设置优秀奖，即岗位突出贡献奖，奖励那些在公司管理变革和应对危机方面有特殊贡献的员工。比如帮公司打赢重大专利官司的法务人员、在运营商合作项目中解决重大人力资源迁移问题的HRBP，以及进行IFS集成财经服务改革项目的财务人员等，都会因自己的工作帮助公司挽回影响、优化管理、降低成本而受到嘉奖。

各种短期激励机制的设计，丰富了员工的收入来源，让员工实实在在地从自己的工作中得到了可观的物质回报。当员工更关注奖金收入而非基本工资时，对于工资和福利的刚性依赖就变小了。这样不仅减轻了公司在刚性薪酬方面的压力，还能有效避免员工产生惰怠，保持人均效益的持续提升。

与各种进攻性极强的短期激励不同，华为在长期激励政策应用方面则显现出十分谨慎务实的态度，一如对待工资和福利这样的刚性薪酬。在长期激励方面，华为非常清醒地认识到，长期激励和短期激励的目的和作用截然不同，既不可单一使用，也不可滥用。

短期激励是导向冲锋的，和企业的经营情况和项目的成败强相关。好处是弹性灵活，而弊端则是容易造成员工逐利的短期行为，影响企业的长期发展，这就需要用长期激励来保持企业骨干核心员工的稳定，让员工从企业的长期发展中分享利润。绑定了长期利益便绑定了员工和企业的未来。

可长期激励的弊端也显而易见。股权一旦给员工配发了，绝不可轻易收回,如此便容易给企业制造一批食利阶层。而在员工离职时,为了不让企业股权旁落,还须按当年的股价将员工手上的股权赎回,这也会是企业一笔不小的开支。因此,在经过一段时间的内部大量配股后,华为的长期激励政策也在不断收缩调整。除了人们所熟知的员工内部虚拟受限股,近年又推出了TUP(Time-based Unit Plan,时间单位计划)与配股相互补充,进一步严格控制饱和配股的授予范围,就是希望管理者和员工都具有一定程度的饥饿感,处于激活状态,持续努力工作。

企业的发展必然存在竞争力成长与当期效益之间的矛盾,同样也存在企业目标与个人目标之间的矛盾。企业希望其发展能长治久安,不断提升企业的长期竞争力。而对员工而言,因为他们并不确定自己在一个企业能干多久,因此正所谓"二鸟在林,不如一鸟在手",他们更在乎的是短期收益,要使其对长期回报产生兴趣,首先要增强其对企业的发展信心。

华为正是看到了在长期激励上员工与企业的态度不同,因此通过短期激励和长期激励的组合搭配,不断寻找利益平衡点,给员工足够的获利感。员工不管在华为工作的时间多长,只要为华为努力过、奋斗过,都会得到华为对奋斗者的回报。发展机会和奖金分配向高绩效者和成功团队倾斜,打破平均主义,不仅让得利多者心安理得、明明白白,也让得利少者愿赌服输,下回加倍努力。华为正是通过这样的利益牵引,让奋斗精神迅速占领员工内心。不管员工如何更新换代,都会很快被华为用这样的方式带入"以客户为中心,以奋斗者为本"的机制中,从而成为为华为奋斗的一分子。

3.4 将个人成功与组织成功深度绑定

作为企业家,任正非从来不否认、遮掩企业逐利的本质,而且在许多人力资源的相关内部会议上反复强调,只有企业生存下去才会有股东及员工的利益,只有实现企业的价值,员工的价值才能从为企业价值奋斗的过程与结果中显现出来。因此华为不仅会用各种激励方式将员工的个人利益与企业经营进行绑定,更会通过整个价值评价和价值分配机制,让不同部门和不同绩效的员工间拉开收益差距,有意造成价值位差。

正如要产生电力需要电位差,要利用水力就要有水位差,要形成热能就需要有温差,有差异的激励政策和价值分配,也会促进员工向企业需要的方向奋斗,形成强大的战斗力。

在上一章中,我已经详细谈了华为如何通过绩效管理实现公正的价值评价,以及如何从绩效管理入手,将组织绩效与个人绩效绑定,那么这里便来讲讲这些绩效结果是如何对价值分配产生影响,以及如何在价值分配上体现集体和个人的共同成功的。

首先,从年终奖的分配来看,和KPI从企业战略出发,层层解码、逐级分解下发一样,华为的年终奖奖金包分配也是从盘点企业全年的营收和利润开始的。先将企业的目标基线与企业的实际收入、利润相比较,确定每年企业整体年终奖奖金包的大小,然后按照各体系、各部门的组织绩效完成情况,开始划分奖金包,再由各部门按照员工的绩效考核结果,确定每个员工的奖金包大小。员工拿到手的奖金包大小既取决于自身的绩效结果,也取决于所在部门的组织绩效结果和部门的性质。

举个例子,一般来说,在同一部门中,绩效为A的员工所获得的奖金包大约是绩效为B-的员工的2倍。若是绩效为C,则有可能分不到奖金。但若两个员工个人绩效同样为A,甲员工所在部门的组织绩效为A,乙员工所在部门的组织绩效为B,那么甲的奖金包也有可能是乙的2倍。如果甲乙两名员工个人绩效都为A,部门绩效也都为A,但甲所在的是一线作战部门,而乙所在的部门属于二线平台,那么其奖金包的差距有时可以达到甲是乙的3~4倍。这样一来,个人奖金包便和所在部门深度绑定,充分体现了华为的回报向优秀员工倾斜，向市场人员、开发人员倾斜，保证优秀作战人员受益最大的原则。对于那些组织绩效不佳，或不属于一线作战部门的人员，虽然个人的努力不会被忽视，但也不可能脱离部门独善其身。

比如我曾常驻过的北非地区部曾因地区局势动荡导致内部经营问题爆发，没有完成当年的收入、回款、现金流的任务，在全球十大地区部绩效排名中垫底。虽然有外界不可控的原因，但仍因其经营中的问题被点名批评。当年按财务核算，北非地区部没有奖金包可分配，只得向公司打借条，借钱发奖金，用下一年的利润来补还。奖金包借来后，按照每个代表处的业绩完成情况和员工个人绩效情况，优先发绩效为 A 的代表处和员工的奖金，绩效垫底的代表处和员工那一年则没分到奖金。而在整体奖金包缩小的情况下，即便是绩效为 A 的员工，所分得的奖金数额也与其他地区部同样绩效的员工相差甚远。

其次，从项目奖的分配来看，项目的成败直接决定了项目组能否从项目中分到奖金。不仅如此，为了明确奖金发放范围，华为一向重视项目组成员名单的审核和变更。因为只有在名单中、为项目直接出力的员工才能分享项目奖金，其他非项目组成员无权享有，也就杜绝了项目奖金被平台人员"雁过拔毛"的问题，从而让项目奖金真正成为项目组成员的特殊荣誉。

最后，从个人职业发展和晋升速度来看，个人和部门也密不可分。华为是一个典型的哑铃型企业，其核心部门——研发与销服——作为哑铃的两头，不仅拥有最多的员工，也拥有最密集的奖励和最快的晋升通道。而财务、HR、行政、法务、采购等部门都属于华为哑铃的中间细部，统称为平台部门。平台部门以核心部门为服务对象，对核心部门提供一切必要的支撑。但由于平台部门并不直接打粮食，作为公司的运营纯成本存在，华为对平台部门的人员数量、晋升、涨薪和奖金分配都控制得十分严苛。这一导向带来的结果是，作为新员工进来的应届毕业生，开始不管在什么岗位，薪酬都差不多，但一年之后核心部门和平台部门的差距便逐渐显露出来。核心部门采用的是小步快跑的涨薪策略，薪酬、职级调整都比较频繁，再加上参与项目的项目奖和年终奖，员工的收入水平增长很快，而平台部门则完全不同。

以 HR 为例，一般只有在全公司进行工资提升时或职级晋升后才会涨工资，而且职级晋升的难度也比核心部门大得多，可能一两年都升不了一级。在这样的严格限制下，一个长期在二线平台工作的 HR 再如何努力，也不可能比一线作战的客户经理晋升得更快，得到更多奖金。因此，在华为，要想在个人财富上得到飞跃式的发展，就必须向研发和销服这两个核心体系靠拢，勇于将自己甩到一线作战部门去摸爬滚打。

即便是在同一体系中，部门绩效的好坏也直接决定着员工晋升机会的多少。在提拔管理者方面，华为的原则是"从成功的团队里提拔将军"。一个成功的代表处或项目组，不仅能迅速涌现一批年轻的管理者，还能使每一个成员都更有可能获得晋级和饱和配股权利。绩效不好的代表处则可能面临被其他代表处合并、管理者降级等诸多后果。

通过薪酬回报、晋升机会、绩效评价等多方面、多维度的机制，华为的员工和所在的团队、部门深度绑定，使得即便是岗位基本工资和福利几乎一样的两个员工之间，实际收入也可能有云泥之别。这不仅促使员工不断进行个人奋斗，同时也让员工更关注所在团队和部门的成功，将"没有成功的团队就没有成功的个人"这一理念不自觉地深埋于心中，团队与个人的利益共同体便自然而然地形成了，于是才有了华为人人信奉的"胜则举杯相庆，败则拼死相救"的团队合作精神。

3.5 不让长期激励成为企业和员工的负担

根据美国心理学家和行为科学家维克托·弗鲁姆（Victor H. Vroom）提出的期望理论，一种激励行为对员工激励作用的大小，取决于效价和期望值的乘积。效价指的是个人对某一行动成果的价值评估，反映个人对某一奖酬的重视和渴望程度。想让一项激励政策对员工产生巨大的激励作用，首先要在效价上下功夫，不能用单一的手段面向所有员工。如果人们的需求不同，那么对同一手段的效价评估也会存在三种不同的结果：正、零、负。效价越高，激励力量越大。这也就意味着，在激励员工这个方面，几乎没有"一招鲜，吃遍天"的政策和方法，需要根据不同人的不同需求制订合理的激励方案，精准定位适用人群的范围，从而让激励真正体现公司的价值导向。在这方面，华为也在不断地摸索和改进中前行。

在华为的激励手段中，最为外人所津津乐道的，莫过于华为的全员持股计划。许多企业老板在学习华为的激励方案时，也最热衷于了解华为的"虚拟受限股"如何操作。的确，这种激励手段给企业带来的好处显而易见。当年华为凭借向员工发售虚拟受限股的方式，不仅让公司在不上市的情况下快速筹集了一笔资本度过时艰，也让华为的员工突破与企业的雇佣关系，成为企业的股东，共享企业发展红利。另外，不同于上市公司的股票期权，虚拟受限股不能在市场上流通，也不能转让，员工只有在公司工作时才能分享公司丰厚的分红，一旦离职，公司则可以收回相关股权，这样一来，既减少了公司股权的流失，也让员工即便从华为离职也对华为心怀崇敬与感恩。

正是由于这诸多好处的存在，很长一段时间里，华为对奋斗者的长期激励都是围绕着虚拟受限股展开的，因此华为的老员工们曾拥有一段高配股高分红的黄金时代。只要是为公司攻克重大山头项目做出突出贡献的员工，除了获得丰厚的项目奖金，还可以十分低廉的价格获得公司大量配股。但这个政策在执行了十年后也逐渐引发了一些问题，让华为高层从 2008 年开始对以虚拟受限股为中心的长期激励政策进行调整。

主要问题集中在三个方面：第一是老员工与新员工因配股数量造成的收入差距直接影响到员工的奋斗热情；第二是配股政策对于新员工，尤其是每年大批招聘的应届毕业新员工而言，激励效价不高，反而增加新员工经济压力；第三是随着华为在全球的发展，虚拟受限股这样的长期激励对于海外当地员工很难操作，导致海外当地员工的长期激励问题得不到解决，影响海外当地员工对华为公司价值的认可度。

那些陪伴华为一路风雨走来，手中握有大量公司股票的老员工，逐渐成为公司的食利阶层，这对公司来说是把双刃剑。一方面，这些成为公司股东的老员工对华为抱着毋庸置疑的忠诚度，让华为逐渐形成了一批稳定的火种力量，保证了华为核心价值观的播撒和传承；但另一方面，随着华为的发展，这些成为华为股东的老员工因每年可享受华为可观的红利，越来越不愿意做普通劳动者，有一些人开始产生惰怠情绪，凭着自己在公司的资历占据管理岗位，自身能力和努力程度却止步不前。而对那一批又一批新入职的员工来说，干最累的活，去最艰苦的地方，做最有挑战的项目，但由于在配股数量上与老员工的巨大差异，其收入可能还比不上老员工轻轻松松从公司拿到的分红多。这样一来便形成了"拉车人（劳动者）"和"坐车人（股东）"之间的对立和矛盾，与华为"以奋斗者为本"的价值导向相违背。

而新员工，尤其是每年通过校招进来的应届毕业生，在经济上正处于金钱匮乏期，房子、车子、结婚等各方面的经济压力扑面而来，有些人可能还背负着上学期间的学费债务。对于这些新员工来说，能赚快钱才最有吸引力。做个项目得一笔奖金，年终奖多发点儿，工资小步快跑地涨一点儿，都会让他们斗志昂扬、不计成本地付出努力。许多应届生急切地想外派，即使再艰苦再动乱也愿意去，其最真实的动力就是高额的艰苦补助和战争补助，还有海外项目的即时回报。

　　虚拟受限股这样的激励，虽然从长期来看能给员工带来稳定可观的收益，但实质上也是一种投资行为，首先得由员工掏出真金白银来认购。由于新员工之前没有收益积累，因此在开始配股的前三到五年时间里，其从股权分红中获得的收益完全不足以购买公司下一轮配股数额，配股配得越多，经济压力反而越大。不仅要填上自己当年分红所得，可能还需要搭上大部分甚至全部的年终奖才足够缴纳下一年的配股额度。对于平时花销就比较大或背房贷的员工来说，虚拟受限股不仅起不到激励作用，反而让经济压力雪上加霜。在这种情况下，一些刚在华为站稳脚跟、逐渐崭露头角的员工，开始出现在公司配股时主动放弃配股，不愿认购的情况。

　　而让虚拟受限股这一长期激励受到更大挑战的，还有华为在全球数量不断增长的海外本地员工。为了能让公司的技术、形象和设计都能走在时代前沿，华为除了将自己销服的触角伸到世界各地，更将自己的技术中心和设计中心逐步从中国迁移到那些人才最密集、技术最前沿的国家和地区，比如在艺术之都巴黎建立美学研究院，在有"微波之乡"美誉的米兰建立微波全球能力中心，在爱立信的老家挪威建立挪威研究所等，为的就是招揽汇聚相关领域的顶级人才。

　　对于这些优秀专家人才的存留，西方资本主义国家普遍会采用授予股权，使其成为公司合伙人的方式来增加其对公司的归属感。但华为不是上市公司，没有公开发行的股票。而虚拟受限股受国家法律法规的限制，只适用于在中国入职的中方员工，无法普惠到这些外籍员工。这样一来，便使得华为对外籍员工的长期激励一直存在空白。而众多外籍员工得知中方员工有内部配股而他们没有时，往往会产生疑惑，并询问其中方主管，为何本地员工就没有配股，公司内部是否有种族歧视等。因此，为了解决这一问题，更好地让全球各地员工都能分享华为发展所带来的红利，设计一套普适性更强的长期激励方案势在必行。

正因上述原因，华为从 2008 年开始便针对虚拟受限股的政策做出了一系列的调整。

首先，将虚拟受限股的配发方式调整为饱和配股制，阻止在持股收益上出现马太效应[①]。将员工配股的上限严格与职级和绩效挂钩，对于绩效表现不佳或每个职级达到配股上限的员工不再配发股票。这就意味着手中已经持有大量股权的老员工，在自己现有的职级上不再获得配股，而对崭露头角成长迅速的新生代员工将会加快配股速度，缩小其与老员工的配股差距。这不仅将长期激励纳入华为"以任职资格为基础，以绩效和薪酬体系为中心"的激励体系下，也给老员工们敲响警钟：如果跟不上公司奋斗的步伐，不愿付出努力，那么很难再获得持续增长的高收入。

其次，对饱和配股的职级要求做了明确规定。对 13 级、14 级的基层员工不做饱和配股，而是着力加大短期激励力度，减轻员工负担，增强员工的获得感。对于 13 级、14 级员工来说，基本工资没起来，对公司的忠诚度还没有完全形成，流动性比较大，因此年终奖和项目奖这些短期激励给他们的成就感和满足感，比股权分红更大。而且在华为的职业通道设计中，15 级是基层与中层的分水岭，从 15 级开始便有了双通道的职业发展，员工开始进入管理者通道或专家通道，但无论哪个通道都意味着这个员工已经进入华为的骨干培养范围，此时开始配发股票，才更能体现与奋斗者分享利益的价值导向。

最后，推出全新的 TUP 计划，与饱和配股搭配使用，进一步将员工在公司的长期奋斗行为与激励回报联系起来。TUP，全称为 Time-based Unit Plan，直译为"时间单位计划"，可以简单理解为奖励期权计划，属于现金奖励的递

[①] 马太效应，是指"好的愈好，坏的愈坏，多的愈多，少的愈少"的现象，即两极分化现象，来自圣经《新约·马太福音》中的一则寓言。

延分配，相当于预先授予获取收益的权力，但收益需要在未来的 N 年中逐步兑现。

在实际操作中，华为通常以 5 年为期，采取"递延 + 递增"的分配方案。按照公司当年虚拟受限股每股的价格一次性授予 5 年内员工可用于分红的股权数量，在之后的 5 年中，每年解锁一部分股权获得的分红。分配示例如下（非实际）：

假如某员工第 1 年被授予 TUP 资格，配给 1 万个单位，挂钩虚拟股的价值为 2 元 / 股。

第 1 年（当年），没有分红权。

第 2 年，获取 1/3 的分红权。

第 3 年，获取 2/3 的分红权。

第 4 年，获取 100% 的分红权。

第 5 年，获取 100% 的分红权，同时进行权益增值结算。5 年期满清零。

员工如果 5 年后仍在公司工作，且绩效保持在 B+ 以上，年出勤率不低于 60%，那么到了第 5 年时，假如挂钩的虚拟股当年分红为 2.5 元 / 股，权益增值到 5 元 / 股，则第 5 个年度该员工 1 万个 TUP 单位可获得的总收益为 5.5 万元（2.5 万元为分红，3 万元为权益增值回报）。

这样一种分红方式，乍一看会让人觉得是虚拟受限股的低配版，让员工在没有真正持有股权的情况下也能获得公司的利润分红，但实际上，这一政策却很好地弥补了虚拟受限股的三大弊端。

首先，由于在 TUP 分配中员工并未真正持股，本质上 TUP 仍是一种特殊的奖金，自然也无须拿钱认购配股数额，但其分红收益又跟股权挂钩，因此又体现了员工与企业利润的共享。通过 TUP，不仅让中方基层员工可以无负担地享有公司的分红，外籍员工也有了分享公司发展红利的合法途径，填补了外籍员工长期激励方面的空缺，从而增强了外籍员工对公司的归属感。

其次，TUP每一期的配置数量看似不多，却具有叠加效应，因此能让被授予分红的优秀员工的收益逐年增加。比如今年配了五年一期的TUP，明年后年只要绩效好还可以继续配置，这样一来，到第五年时，收益就不仅仅是一期的收益，而是来自五期配置收益的叠加。这样能更好地吸引优秀员工在华为持续发展。

最后，由于TUP并不是虚拟受限股，员工也没有真正持股，因此当员工出现绩效退步或离职时，公司可以非常灵活地收回和终止分红，不需要再从员工手中赎买股权。这无疑减少了公司的成本，同时再次向员工强调了持续奋斗才有收获的价值导向。在2013年华为总裁办电子邮件240号文《正确的价值观和干部组队伍引领华为走向长久成功》一文中就非常明确地表达了，实施TUP的意义便在于"消除'一劳永逸，少劳多获'的弊端，使长期激励覆盖到所有华为员工，将共同奋斗、共同创造、共同分享的文化落到实处"。

TUP政策的出台，使华为将虚拟受限股的使用范围进一步收紧，对于工作超过8年，获得高职位的骨干或部门管理者，华为更倾向使用股权激励，对于基层员工，华为更倾向使用TUP，使每个层级的员工都能获得效价最大的长期激励。

3.6 把握力度和时效，让激励效果最大化

维克托·弗鲁姆提出的期望理论中，影响激励对人的行为作用强弱的，除了效价，还有期望值。期望值是人们根据过去的经验，对自己达到某种目标的可能性进行的估值，反映的是人们实现期望目标的信心强弱。员工在工作中总期望在达到预期的成绩后，能够得到合理的奖励，如奖金、晋升、表扬等，这样他们才会更有信心、更愉快地投入下一轮工作中。可如果组织目标达成后没有及时有效的物质和精神奖励来强化，时间一长，员工的积极性

就会消失。因此激励的时效性和力度对激励效价的发挥至关重要。

根据《史记·淮阴侯列传》，韩信在比较项羽和刘邦优劣时曾指出，如果从道德情操、武力强弱来看，刘邦固然比不上项羽，但刘邦之所以比项羽更有胜算，是因为刘邦不仅会用人，激励下属方面也很有一套。项羽虽表面上爱兵如子，待人恭敬有礼，但每到论功行赏之时，却总是犹犹豫豫，把授爵的印章角磨圆了都舍不得给那些有功的下属（至使人有功当封爵者，印刓敝，忍不能予）。而刘邦虽然平日轻慢无礼，在激励方面却总是做足功夫，从不吝惜将所获的土地和财物赏赐给有功之臣。韩信平定齐王广后发书给刘邦，要求其封自己为"假王"以便能更好地对楚作战。刘邦当时被楚围困在荥阳，看到韩信的书信后反而说，立了平定诸侯的功，要当就当真王，当什么假王呢？（大丈夫定诸侯，即为真王耳，何以假为！）于是封韩信为齐王。在如此大方的封赏下，韩信也投桃报李，很快解了刘邦之困。而后面的事大家也都知道了，项羽最后落得个自刎乌江畔的下场，而刘邦却开创了400年的刘汉基业。

同刘邦相似，任总在员工激励上所表现出的大气，让许多华为员工都为之叹服。从创业开始，任正非便是一个敢于给激励，也敢于兑现承诺，甚至超出下属期望给激励的老板。曾任华为北非地区部总裁的邹志磊曾感慨道："我们要一碗米，他给你十斗米；你准备（要）一顿大餐，他给你十根金条。一个项目怎么干他不关心，他给你政策、资源，只要结果。"在奖励贡献的力度方面，华为总是超出员工期望。

在我所工作过的马里代表处就有一个典型。当时代表处所辖的乍得办事处，由于外部环境不好、客户认可度不高、原办事处主任不思进取、团队内部矛盾等问题，在销售上始终难有重大项目突破。后来公司下任务，将乍得列为必须克服困难拿下的项目，于是代表处领导团队便开始积极着手对乍得办事处团队进行整顿，在全面激活组织的同时，还加大了技术支持力度。

这时,一个才入职一年多的初级法语客户经理主动向代表处请缨,要求去乍得打项目。我曾与他交流为什么会选择去乍得啃这块硬骨头,他的回答很简单,就是听说乍得那边好赚钱,希望三年攒足100万元,在上海跟老婆买套属于自己的房。之后他倍加努力地学习客户沟通技巧和相关产品知识,主动向代表和副代表请教经验,并通过了相应的任职资格的考试,最终如愿被派到乍得,主攻一个销售山头项目。

他虽然年轻,经验上稍显青涩,但十分善于团结人,遇事爱琢磨,也不惜多方求助。靠着一股韧劲,他最终把项目拿下,赢得了客户的赞誉。为了奖励他的付出和贡献,公司不仅给他兑现了100万元的项目奖金,还把他直接提拔为乍得办事处副主任(主持工作),在年终奖分配时也给了其在代表处的顶级奖金。一年时间,他便轻松搞定上海一套房产的首付,成为代表处乃至地区部人尽皆知的"百万主任"。

虽然他取得的成就与代表处平台的支持分不开,但谁也没有眼红他的项目奖金,更无权截留他的项目资金。因为大家明白,乍得山头项目对代表处综合绩效至关重要。这个项目拿下了,大家的努力都可以在年终奖中体现。而他作为项目的头号功臣,理应得到更大的激励。

反观有些企业的老板,虽然也设计了许多不错的激励政策和手段,但在分奖金时却爱犯项羽同样的毛病。在项目开始之前,拼命用激励政策中承诺的回报来激励员工干劲儿,等到项目冲锋结束,盘账时,老板却犹豫了,觉得项目资源是自己拿来的,员工做出的业绩也都是依靠自己的资源才取得的,自己才是最辛苦、功劳最大的那个,而员工每个月已经从自己这里拿了工资,为项目努力也就是分内的事。于是要么开始对奖金的事只字不提,或推说要等到年终结算时再发,要么将一些杂七杂八的事放到一起来评,然后这里挑点毛病,那里扣点损失,员工拿到手的奖金远小于老板事先承诺的数额。员工满心喜悦地看到项目成功交付,期待着承诺的奖金,结果等来等去,却没等到，项目成功的喜悦一下子便被对奖金的失望所取代。等再打项目，老板再做出承诺时，员工便会对奖励产生怀疑，对于项目的积极性也大为降低。

正所谓"财聚人散，财散人聚"，如果一个老板"终朝只恨聚无多"，总觉得自己赚得不够，不肯花大力气奖励员工，那么也就不能怪员工不肯为公司拼尽全力了。

除了奖金数额，任正非对激励的时效性也十分重视。作为一位对人性有深刻领悟的领导者，他曾多次在 EMT[①] 会议和 HRC[②] 会议上强调激励的及时性，"对于关键项目，一旦取得成果就应及时予以激励"。对英雄的激励更要及时，"根据目标达成情况，不要按干部宣布标准去评价。冲上山头的就是英雄，就该发山头激励奖"。绝不能舍不得让优秀员工多拿钱，快速提拔。"不拉开差距，优秀苗子就起不来，被压得嗷嗷叫，升不了官，团队士气就低落。铁军都是打出来的，打赢了就快速提拔，士气高涨，战斗力就强。"尤其对于短期激励中的项目奖，华为更是一再调整其发放策略，要针对短期目标、短期项目、短期绩效行为做出及时公正的评价，从而更好地鼓励员工努力工作，让员工对公司的未来充满信心。

对这种项目一结束就发钱的做法，有人会心存疑虑，担心有些项目的问题会滞后体现，如果先把奖金发了会导致公司背负大量隐性风险。其实华为也曾因这方面的考虑，采取过对项目奖先记账，放到年终一并发放的激励发放方式。但后来经过实践，发现效果并不理想，而且有些项目的问题也并非在一个年度就会显现出来，放到年终发项目奖和随项目立刻发奖金从风控上来说区别不大，但对员工所产生的激励效果差别却巨大。因此，在大量项目数据积累的基础上，华为采用项目基线管理方式，将项目风控过程化，将项目奖金的发放时间改成按项目完成阶段分批发放。

---

① EMT，Executiva Management Team，华为对最高行政管理团队的简称。
② HRC，Human Resources Committee，华为对人力资源管理委员会的简称。

第3章 丰厚多元的回报机制：不让奋斗者吃亏，不让效率滑坡

以华为的成熟业务网络设备奖金分配为例，每个代表处的考核以基线为准，奖金则以考核为准，由代表处自主分配。代表处的项目实际完成情况都会和基线进行比较，一个周期结束后，与业务基线做对比。贡献优于基线，则当期就发放奖金。通常基线的设定也不止一条线，而是根据销售、回款、利润、现金流等按权重大小组成的复合基线标准，不同时间、不同区域、不同项目的权重不同。做得好，每个周期都有奖金分；做得不好，眼红别人分钱就努力在下个周期把工作做好。如此便在公司内部形成了良性的竞争氛围。

这样的即时激励，不仅加强了项目经营情况的过程反馈，还拉开了高绩效团队与低绩效团队的收入差距，让每个项目组都能随时明白自己项目的完成情况给自己切身利益所带来的影响。由此，华为"以奋斗者为本"的文化便在员工心中牢牢地扎根了。

> 资源是会枯竭的，唯有文化才会生生不息。
>
> ——《以奋斗者为本》

第4章　为奋斗打造良好生态

华为的企业文化是什么？对于这个问题，任正非的回答一向很谦虚。他认为"华为没有独特的文化，都是从世界先进文化那里借鉴来的，就像剥洋葱，剥一层是日本的，再剥一层是欧美的，再剥一层是孔夫子的，再剥一层是反对孔夫子的"，"这个洋葱剥到最后，剩下的核心是很小的，就是奋斗精神和牺牲精神。其实奋斗精神和牺牲精神也不是我们发明的，它也是几千年来一直就有的"。

的确，华为在制度层面和流程层面对各种先进文化和管理理念兼收并蓄。比如华为的研发流程来自IBM，财务流程来自普华永道（PWC）和毕马威（KPMG），人力资源制度来自美国合益（Hay）集团香港分公司，任职资格体系则来自英国国家职业资格证书委员会（NCVQ）提供的体系框架。就连华为梳理出的六条核心价值观，似乎也都是从其他文化中"抄"来的。比如，"成就客户"很明显脱胎于西方商业社会流行的一句话"客户就是上帝"；"艰苦奋斗""自我批判"则带着毛泽东思想的基因；"至诚守信"来自千年晋商的共同理念。这样看来，华为的管理制度还真有点像大杂烩。

但华为的文化真的只是个大杂烩吗？即便是，也是盘内藏乾坤，精心烹制的"佛跳墙"。当华为还是一家籍籍无名的小公司时，任正非在经营中就已经不断思考华为的企业基本价值观，并不断用各种方式将基本价值观融入组织的肌理中了。

1998年之后，华为大力向西方学习，引进西方的专业管理咨询团队对华为的各种流程制度进行全方位升级改造。与此同时，任总也开始了对华为企业文化去粗取精、去伪存真的梳理工作，巧妙地将西方的方法论和东方哲学的理想结合起来，形成了一套完整的华为价值体系。在精神文明和物质文明的相互促进下，2000年后华为驶上发展快车道。其发展速度之快、势头之劲猛，让西方通信巨头们都为之讶异。

华为的成功让华为的企业文化成为许多企业竞相模仿的对象，许多企业老板纷纷效仿华为，借鉴世界优秀文化中的精华来炮制自己的企业文化，可这些精心炮制的企业文化，搞来搞去搞成了对外的宣传口号和广告，只浮于表面，始终无法成为像华为企业文化那样的发展推动力。不管是在企业的大会小会上大谈奋斗和牺牲，还是在企业墙上到处贴满各种激励奋斗的标语，或者学华为搞愿景、使命、战略、价值观的梳理，时不时组织员工或管理层学习国学、到国外考察，都收效甚微。出现如此反差的根本原因在于，华为的企业文化是融入组织肌理的，不是发明出来用于对外宣传的，而是作为企业的精神黏合剂，为解决企业发展中的综合平衡问题而生的。

企业的文化应像鸡蛋，既需要强硬的明文规定作为硬壳，也需要一些像蛋液一样有柔性、有弹性的生态环境让来自坚硬部分的冲击力得以缓冲和释放，从而保护核心的完整性。

一家企业的文化若没有强有力的企业制度和流程支撑，便没有企业上下对企业基本价值主张的敬畏，但如果一家企业的文化只让人产生压力和被强迫感，而无一些感性的方式和举措来调和人心，员工只会因怕自己的利益受损而按企业的规定行事，却不会对企业产生根本认同。

著名心理学家弗洛伊德曾指出，认同才是形成群体凝聚力的根本机制。一家企业的价值判断和价值主张只有像空气一样弥散于企业日常活动的方方面面，才能融入每个员工的个体心态中，才会逐渐培养出个体对企业的依从和忠诚。在良好的企业氛围中，不需要任何外部刺激就可以自动使个人决策与企业目标保持一致，诞生出一种与其个性极为不同的"组织个性"。因此，只有将领导者气质、管理层价值导向和实际工作氛围完美结合的企业文化才是真正意义上的企业文化。

华为在几十年的高速发展中，固然形成了许多刚性的制度导向奋斗和冲锋，但也发展出了许多柔性的、感性的方式和举措，来增加华为以客户需求为导向的奋斗精神的弹性。

这些举措看似与追求盈利无关，外人看来雾里看花不明就里，但对员工真正认同华为的奋斗者文化至关重要。在本章中，我便针对华为奋斗者文化建设中那些独特的、感性的部分为各位拆解一二。

4.1 先立规矩再做事，磨刀不误砍柴工

众所周知，思想的改变会改变人的行为方式。但反过来，行为方式的改变也会潜移默化地改变人的思想。

美国作家查尔斯·都希格在其所著的《习惯的力量》一书中说："每个组

织的文化都是从核心习惯发展而来的。"一旦组织能让人形成一种微小的习惯，便可以逐步将自己的文化和价值观渗透到组织成员的整个行为模式和思维模式中。因此真正明智的企业管理者在打造企业文化和员工认同时，不会纠结于员工是不是与企业一条心，或以态度之名来对一个员工做价值判断，而是会全力打造一个有明确行为规则和组织纪律的氛围，让员工在接受行为改造的同时潜移默化地接受企业的文化和价值观。

华为在向员工贯彻"以客户需求为导向的奋斗精神"时，就采取了从行为到思想认同的改造方式。在这个过程中，华为从来不追问员工是否真心实意地认同公司的制度和价值导向，也不要求员工对公司拥有高度的归属感，只看他（她）的行为结果符不符合公司的规则和要求，能否为公司创造价值，是否触碰公司的行为底线。对此，任正非曾非常幽默地提出："假积极一辈子就是真积极。我们实行一系列的激励制度，能使得大家假积极一辈子就够了。"可实际上，华为员工却在这种强大的制度机制中形成了无人能及的强大认同感和组织一致性，而这种春风化雨的过程的第一步，便是从新员工入职培训开始的。

对于企业培训，一般企业往往会将重点放在员工必要的技能培训和对管理者的培训上，新员工入职培训往往一带而过。新员工入职后，一般会在 HR 主管的主持和带领下，到公司各主要部门走一圈，熟悉工作环境和部门的大致分工，然后领取工牌，配置相关工作权限，办理发薪账户登记，之后便迅速奔赴各自部门开始工作。能抽出两三天时间，将新员工集中起来，到酒店搞个封闭培训加团建，已经算格外奢侈讲究了。

之所以如此，是因为企业经营者普遍认为，在人力资源五大模块——招聘、绩效、薪酬、培训、员工关系中，培训是最难直接产生经济效益的模块。即便是与工作岗位密切相关的员工技能培训，以及与培养骨干密切相关的管理者培训，到底能多大程度提升员工和管理者的业务能力，至今尚无一个能完全量化的手段和工具。于是，一般公司会在培训投入上精打细算，不仅会严格控制培训的时间，还会严格限制人员范围。比较普遍的做法是利用下班和节假日时间组织公司培训，或者将脱产培训当作一种福利，奖励给公司十分看好的业务骨干。而对于既非岗位必需，又不针对骨干的新员工培训，则尽量压缩，能省则省。

而在华为，丰富多样的培训几乎伴随着员工职业生涯的全过程。从员工进入华为到其擢升为管理者，从外派海外到内部转岗，每个转变过程都伴随着相应的培训课程。对员工来说，培训绝不是轻松的度假和休息，而是为接受全新的挑战所做的准备。

对于华为来说，设置各种培训并非资源浪费，而是为让员工更高效、更规范地投入工作必要的赋能过程。在这个过程中，员工不仅能在培训课堂上接受新知识和新理论来丰富自己的知识储备，更能通过培训的日程安排和各种形式多样的交流讨论，逐步调整自己的行为方式和思维模式，从而适应自己身份的改变。

在华为庞大的培训体系中，为员工劳动准备而设的培训就有三个，分别是公司产品知识类培训（在华为称为一营）、市场销售类培训（在华为称为二营）和研发测试类培训（在华为称为三营），另外还有为管理者提升团队领导能力而设的管理者培训、为外派员工适应他国工作环境设立的外派培训、为新员工准备的入职引导培训（在华为称为大队培训）。

可以说，在培训方面的投入，华为与其他企业相比简直可以用"极尽奢华"来形容。就拿我从事过的入职引导培训工作来说，其中就足以显现华为在培训方面的用心良苦。

首先是培训时间长。最初华为的大队培训曾长达一个月，后来经过对培训内容的不断调整和对大队培训之后的一营、二营、三营培训方案的不断完善，大队培训的时间逐渐缩短为10天。可即便如此，与其他公司仅一两天的入职培训相比，华为的新员工引导培训的用时简直长得令人咋舌。

其次是培训内容扎实，全过程无注水。从参观公司展厅和数据中心感受华为的全球业务发展，到系统介绍公司的愿景、使命、战略、核心价值观，从介绍绩效考核、薪酬结构、组织架构等人力资源相关内容，到讲授职场礼仪、职业规范，从优秀员工座谈，到高层管理者座谈，从早上的跑步训练，到晚上的学习讨论，从辩论赛，到迎新晚会，可以说是从早到晚日夜不歇。除此之外，在培训中还会穿插人力资源的集成服务，如统一办理制作工卡、签合同、办理工资卡、落户深圳等相关入职手续，每个环节都紧密衔接。

最后是培训形式多样化。培训往往采取讲练结合的方式，花大量的时间让员工进行问题讨论、团队活动。而活动设计往往就是端到端的流程模拟，要求学员以小组为单位，共同完成一个简单的设计和制作任务。在规定的时间内，团队不仅要选出项目负责人进行快速的团队分工，还要从其他小组中随机抽出学员来扮演客户和过程监督人员。当时间用完后，团队需要与其他小组一起做一个公开宣讲，进行公开的竞标PK，最终由全体其他学员，根据活动中规定的交付质量要求，为每个团队投票，决出胜负。落选的团队需要做集体检讨，分析自己失败的原因，总结经验。通过这些活动，让学员初步了解华为"成就客户"各个方面的要求，比如"下一道工序就是客户""客户需求是华为存在的唯一理由""客户需求导向的战略"。

这些正式的培训内容，让员工在不断的学习讨论中，理解和认识华为的核心价值观。不仅如此，连大队培训的日程安排本身，也是一次极为重要的习惯养成的洗礼。

大队培训的日常往往是从晨起跑步开始的。早晨6:30，学员要穿统一配发的运动装参加晨跑，晨跑完毕马上吃早餐，并换正装参加室内培训。下午16:30，所有学员在20分钟内回宿舍换回运动服，再到操场集合参加户外活动。18:00户外活动结束后，又得赶紧吃晚餐，并换回正装参加晚上的讨论学习，一直到晚上九十点钟才能回宿舍。有时为了完成培训相关作业，不少学员还得挑灯夜战，但不管晚上熬得多晚，第二天早上依旧得按时起来晨跑。这样"劳其筋骨"的培训安排，不仅对于那些已经在学校舒服惯了的学生来说，是一次正式工作前的热身，调动起了大家的精神和体能来迎接工作中的挑战，对于那些早已习惯职场氛围的社招新员工，也是一次对奋斗精神的历练。

从第一次新员工操场集合开始，所有员工便进入了培训的积分管理之中。集合迟到、不按要求着装、无故缺席晨练，通通都会被记录进学员的积分系统中，有时甚至答到声音不够洪亮都会被扣分。但同时，学员积极参加培训活动，在辩论会上积极准备或提供支持，在最后的新员工晚会上出演节目，参与场地布置设计则会有加分。这样的加减分不仅会影响学员自己最终的培训评定，还会影响到周围的人。如果有人早操或上课迟到，不仅迟到的人会受罚，同寝室和站在前后左右的人也会一并受罚。因此，每次出操上课，若有人晚了，往往周围的人比培训班主任还着急，又是打电话，又是发短信。

这样一种培训考核方式，其实就相当于对华为绩效管理过程的一次模拟。不仅让学员明白自己行为的过程将如何影响最终的结果，明白什么叫作"高压线不可碰"，同时也让员工初步体验了一把华为"胜则举杯相庆，败则拼死相救"的超强团队合作。经过大队培训的高压举措，这些新员工往往也会不自觉地将大队培训中的这种团队意识和服从意识延续到自己的工作中，从而让每个进入工作岗位的人都很自觉地融入团队的工作氛围中。

华为新员工入职引导培训除了培训时间长、培训内容丰富，其团队配置也十分"豪华"。不仅有一个15人的培训管理团队常年负责培训课程和教材的开发与更新，以及培训讲师的协调管理工作，还有来自公司各体系、各产品线的优秀员工、高级主管，以及人力资源部门的业务专家参与其中。这些人会以自己的亲身经历和对华为文化的感受，来为新员工拆解华为文化和人力资源制度。不仅如此，在高管面对面的环节，就连公司的 EMT 成员也会排班过来与新员工进行面对面的座谈，解答新员工提出的各种问题。

这些培训讲师和管理者不仅本身业务过硬，绩效优秀，而且表达能力强，富有个人魅力。他们的现身说法不仅让新员工体验到华为人言谈举止间的风采，同时也让新员工从他们对华为文化的分享中体验到身为华为人的骄傲与自豪。为了鼓励公司的主管多支持新员工培训，华为甚至将培训支持度纳入对管理者的日常考核中。像这样调动全公司的优秀精英来培养新员工的企业，是不多见的。

但大队培训的意义却不止于此。在大队培训中，员工虽然还没接触到华为的实际业务，却已经在这种集中高强度的培训中初步领略到了华为的价值主张和工作氛围。在这样的培训中，少数人会因受不了紧张和约束而提出离职，或因触碰高压线被劝退。但对于大多数员工而言，成功度过这段培训，会帮助他们为适应接下来更为严格的一营、二营、三营培训做好热身准备。

当新员工完成大队培训和接下来的一营、二营、三营培训，并正式走上工作岗位之时，华为的流程意识、团队意识和客户服务意识早已在反复的行为规训中印进员工的潜意识里。新员工不仅完全适应了华为的工作节奏，还对公司产生了初步的认同感和自豪感。这样一来，员工一旦进入工作状态，便像已经磨合好的新车，可以直接拉足马力，在高速公路上奔驰。

4.2 把权力关进笼子，用好党委这双眼

英国历史学家阿克顿在其撰写的《自由与权力》一书中曾论述过一个被后世广为流传的观点："权力导致腐败，绝对权力导致绝对腐败。"在任何地方，权力一旦不受约束，必然滋生腐败。在以盈利为目的的私有企业中，企业老板或经营者往往在企业内部拥有绝对的权力，而企业所有管理层人员的

权力又均来自老板或经营者，这种"权力归一""一言九鼎"的权力结构很容易导致领导干部的权力失控，从而为腐败滋生提供温床。

在华为发展的早期，华为的领导干部，特别是一线作战的代表处代表，由于面临着公司业务扩张和资源协调供给上的矛盾，往往会被公司赋予较大权力。其实这也很好理解，就像电视剧《亮剑》中，八路军总部对抗日根据地给不了枪、给不了炮、给不了钱、给不了兵，于是就只能给"政策"。只要不违反"三大纪律八项注意"，"李云龙们"可以在自己的地盘上自主发展壮大抗日武装力量，怎么打仗有利就怎么打仗，只要能有效消灭鬼子的有生力量就行。

当时华为对那些身处一线的代表们同样如此。在自己代表处所辖范围内，各大代表也如李云龙一般，会穷尽各种手段跑马圈地拉队伍。他们在为公司立下汗马功劳，让华为之花开遍世界的同时，也逐渐变成了手握实权、总揽一方军政的"封疆大吏"，享受到成功的自豪和权力的滋味后，难免会生出一些不该有的想法，管理上独断专行，作风上也有些飘飘然，内部腐败逐渐滋生，成为阻碍组织生存发展的毒瘤。

任总在用正面激励来保障员工通过奋斗得到合理回报的同时，也一直十分警惕这种管理者腐败给团队的奋斗精神和战斗力带来的恶劣影响。他清醒地认识到："一旦组织里出现系统性腐败，形势就很难扭转。那些曾出现腐败的地方，所造成的历史阴影会很持久，即使经过多年扭转，士气也难以再恢复高昂。"为此，华为开始尝试用各种方法来遏制干部的贪欲。

首先，加大激励力度，让员工有更多途径从正规的工作中得到丰厚的回报，从而降低人们对金钱的饥饿感，减少腐败的主观意愿。其次，在干部管理制度上，各种针对干部的评估机制相继出台。比如，公司增加对干部内审的频次，不断提升内审手段和力度等。最后，干部的360°调查、组织气氛调查、四力评估等措施已经成为干部提拔中的重要参照系数。

但调查人员毕竟都出自华为内部，而且大部分人都与被调查的干部有太多的利益牵扯，因此干部们一旦摸清其中的规律，便很容易将其中的尖锐部分化解。再加上华为毕竟是个强绩效导向的公司，考察干部主要还是看能不能"打粮食"，"狩猎"能力是否足够，于是有些问题干部即便有短暂的降级或其他处分，但只要其业务能力足够强，便很快会被公司重新启用。这样一来，之前提意见的员工难免担心自己被打击报复，因此往往填写组织气氛问卷时会有所保留。

为了能更加中立公正地考察干部，华为终于从2005年开始，在干部的使用和管理上明确建立了"三权分立"的分权管理制度：赋予日常直接管理干部和员工的行政管理团队干部建议权，赋予促进能力建设与提升的华为全球培训中心、专业委员会及对过程规范性进行把关的人力资源部评议权，而对干部任免的否决权和弹劾权[①]则归党委组织干部部。

在一家没有国企或国有控股背景，完完全全的民营企业中，正儿八经地设置党委，并将对管理层的否决权和弹劾权主动交给党委，让党委对企业管理者的任免拥有实权，这在中国的民营企业中相当特立独行。其实在华为成立发展的前十年中，和所有民营私企一样，华为也只设有人力资源部，而无党委，对干部日常升迁进行评议的，也只有一个隶属于人力资源部的干部部。对干部腐败和作风问题，彼时的华为一方面靠各种严格的内部审计制度和规范流程设计来发现和堵住漏洞，另一方面则靠各种形式的自我批判大会来针对某方面的问题进行纠偏。

后来随着华为员工人数的增多，党员数量也随之增多。在一次重要政府领导参观华为的过程中，领导突然问起华为的党员数量及党员管理情况，任总这才着手补办了建立相关党组织的手续。但彼时，华为党委不过是挂靠在

---

① 弹劾权：是华为管理中的专有名词，不同于政治活动中针对官员的弹劾。

华为干部部和人力资源部下的一个小部门，党委书记由人力资源总监兼任，其作用还仅限于党员的登记造册和收缴党费，基层党支部活动不过就是集中所有党员搞搞团建、吃吃饭，或组织几场体育比赛，然后将这些活动情况和党员情况做成汇报材料交给上级党委。

但在2005年后，以任正非为中心的华为核心管理层意识到，对于干部的监察十分需要一个具有中立第三方身份的组织来主持。这个部门不能与公司的经营和利益分配有太多的牵扯，这样才能真正起到监督效果。因此，华为将党委的职能进行重新定义，不仅在公司组织架构上做了重大调整，而且将党委作为一个单独部门，使其独立于人力资源部运作。

在人员配置上，党委书记不再由人力资源总监兼任，而是让一些比较讲党性原则，作风正派的华为老党员组成党委班子。这些人曾经在华为位高权重，通晓华为的历史和业务，能随时与任正非进行沟通，在公司仍有一定的威信。并且，他们已经退居二线，和公司中的具体经营和利益分配不存在什么牵扯，心态比较超然。因此，由他们来牵头对干部进行监督再合适不过。

在功能上，华为不仅将之前隶属人力资源部的干部部划归党委旗下，还由党委牵头成立了"道德遵从委员会"，将监督和考察权限针对的对象扩展到所有领导干部。此外，党委的工作职责还包括华为内部用于反应和改进问题的《管理优化》和反映员工生活的《华为人》（在华为简称"两报"）的编辑出版，以及后来又承担起了心声社区、廉洁账户等的管理工作，真正肩负起了舆论监督的职责。

不仅如此，作为华为集体决策制度有机组成部分的AT（Administration Team，行政管理团队）会议也要求党委老干部们列席旁听，从而对决策过程起到监督作用。

这样一来，华为以各级党组织为中心建立起的对各层级干部思想品德和作风问题的长效监督机制便开始运作起来。由此，党委组织干部部便成为促进华为干部廉洁自律、自我批判的主管机构,并吸取毛泽东思想中将"支部建在连上"的组织策略,在华为全球所有代表处和研究所设置党委领导的道德遵从委员会。这样一来,既顺势健全了基层党组织,又让员工有了一个安全顺畅的途径反映问题,同时也通过明察暗访的方式发现并上报各级管理者的腐败问题,比如男女关系问题、以权谋私等,从而将干部们的权力关进笼子里。

每年党委都会组织干部进行自律监察,由内审部、HR 协助,建立了宣誓承诺、干部自检、独立监察等一系列闭环管理机制。每当华为提拔干部,或对干部进行 360°调查时,不仅各层党组织的负责人对其所辖区域内的干部的反馈会成为评价干部的重要参考,员工对在职干部若有疑问或不同意见,也可以向党委组织部投诉,而党委组织部则会组织相关部门进行调查取证。当一个地方的干部出了问题,当地的党组织(或道德遵从委员会)如果放弃监管,无所作为,也会负连带责任。这样一来,通过党委的过滤,让绩效好、思想作风正派的优秀干部浮上来,将不称职的干部及时否决掉,避免错误影响的扩大,不仅纯化了华为的干部队伍,更让华为所奉行的艰苦奋斗精神得以持续发扬。

不过,党委虽然对腐败干部有一票否决权,但并不会在华为内部搞权力斗争,而是以中立身份敏感地发现问题,真诚地惩前毖后、治病救人,同时也给一时误入歧途的干部一个坦白从宽、主动改正错误的机会。

4.3 心声社区说心声,不怕员工放鞭炮

设置心声社区是较晚才出现在华为的一项举措,目的是让华为员工能有一个共同的心灵家园,缓解高强度工作中积累起的负能量,纾解胸中怨念。在此之前,华为虽然有"两报"作为员工向公司反映管理问题、分配问题的

途径，但传统纸媒过于保守正式，不如网络社区那样灵活自由。于是天涯社区上的华为专区声名鹊起，不仅华为人将其当作一个吐槽胜地，感受那种"穿上马甲"自由自在直抒胸臆的畅快，华为之外的"吃瓜群众"更将其当作围观华为的猛料的地方。

看起来克勤克俭、低调沉默的华为人为何会做一件如此高调的事情呢？其实这也恰恰是华为奋斗文化的副产品。

作为一家高科技公司，华为一开始便实行了十分严格的网络信息安全管理制度。在办公区采取物理隔离和软件控制的双重手段，将公司内网和外网严格分开，就连当年大名鼎鼎的MSN、Skype及国内的QQ这些普遍使用的即时沟通工具，都被封禁在华为内网之外，更别提那些网络社区。再加上华为工作紧张，员工大部分时间都围绕着工作转，即便是在难得的休息日，华为员工"偷得浮生半日闲"的方式也比较单一，往往首先是补个大觉，然后才考虑其他休闲娱乐的方式。即便如此，华为人在玩时也不敢真的放心大胆、毫无顾忌地疯玩，还得时刻注意手机中的信息，随时听候来自领导、同事或上下游部门的召唤，随时准备被拉进各种电话会议中。

因此，当员工进入华为后，一个很明显的表现就是突然在各种社交媒体上消失，开始疏远进华为之前的朋友圈和校友群，生活中的绝大部分空间和时间都慢慢内缩进了以华为为中心的小圈子里。记得以前有位华科校友曾调侃说，如果一个人突然QQ不回，MSN不上，什么同学聚会都不参加了，那这个人不是死了，就是进了华为。虽然有些夸张，但事实往往相差无几。

在这样的工作和生活状态下，许多华为人的内心其实是有些寂寞孤独的。越是寂寞孤独，七情六欲便越需要发泄和抚慰。在跟外界沟通的渠道十分缺乏的情况下，心中思想和情绪的洪水只要找到一个突破口便会倾泻而出，于是天涯社区里的华为专区板块便在那个时代顺势而起了。

华为专区最火的年月，也恰逢天涯社区风头最盛的年月。那时网络社区不需要实名登记，对内容的监管也没有建立起如今这样的规范机制，任何人穿上马甲都可以在天涯社区随意发言。有人在上面无所顾忌地抖料，就会迎来无数"吃瓜群众"的围观。特别是像华为这样在世人眼中带着神秘色彩的企业的"瓜"，更是会迎来无数人猎奇观看。

在 2010 年之前，天涯社区中华为专区火爆一时，几乎成了整个 ICT（Information and Communications Technology，信息与通信技术）行业的风景线。无数华为员工到上面吐槽领导，给劣迹干部画像，甚至直接曝光部门的龌龊事，而且很多事还"有图有真相"。

那些小道消息、风流韵事、奇谈怪论都会让华为专区不断冲上天涯社区的热度榜。虽然华为专区中的消息鱼龙混杂，不乏造谣生事和纯粹泄私愤的谩骂和抱怨，但外人看热闹不嫌事儿大，公司内部也不好出面澄清，澄清反而会越描越黑，因此给华为带来了许多负面影响。

对于华为专区中越来越盛的戾气，开始时华为的管理层普遍不屑一顾。但没过多久，华为的管理层便发现越来越多对现状不满的段子转眼便成为华为人办公室中的日常用语，这一现象让华为的领导者们不得不重视起华为专区的影响力。而在对这一问题的处理方式上，任正非再一次显现了其作为企业家的心胸和远见。

任总首先委托党委对天涯社区中反映的问题和爆料做了一次收集和分析，最后发现其中虽然有些似是而非的不实之言，语气上也十分尖锐，但确实也反映了不少华为内部管理的问题。

以实事求是的态度看，华为专区的吐槽之所以在员工中屡禁不止，有以下原因。

其一，"80 后""90 后"的年轻人越来越注重自己的话语权和自由意志，而这些年轻人又恰好是组成华为这个庞大组织的主力。如果公司压抑着不让他们拥有说话的可能性，他们便会到网上去说，根本拦不住。

其二，需要承认，华为员工在高强度的工作和高心理压力下确实存在一定的怨念。如果不能合理地排解疏导这种怨念，也不利于员工的身心健康，这样一来艰苦奋斗便无法为继。

任正非曾做过一个形象的比喻，将这样表达意见的方式叫作"放鞭炮"。适当地放鞭炮能增加节日气氛，但如果放过了火、放多了也就成灾了。如果自家院子里不准放，人们就会到外面四处乱放，不仅危害社会，还会伤及自身。与其如此，不如在自家院子里开出一块地来让大家放鞭炮。大家能发泄心中的情绪，管理层也能受到舆论监督，还不用去外面"闯祸"，一举三得。于是华为内部便高调地建设起了自己的论坛——心声社区。

所谓"种得梧桐树，引得凤凰来"，开了心声社区，还需要为这个内部论坛引流，才能收回那些工作之余四处游走、无处安放的灵魂。

为此，华为首先是用徙木立信的方式，向华为员工表明，心声社区和天涯社区一样言论自由。在上面发言同样可以穿马甲，也不会有人追踪你的 IP 地址和真实身份。并且，心声社区上反映的问题都会得到管理层的回应，对一些有依据的共性问题，还会由编辑汇总后刊登在华为的"两报"上。这无疑让员工看到了华为高层对打造心声社区的诚意。

在经过初步试探得到员工的信赖后，那些长期活跃在天涯社区的吐槽者和段子手逐渐回流到了华为内部。毕竟之前想上个天涯还得在有外网的地方才能上，现在心声社区就在公司内网，大家中午休息或晚上加班的空档可以随时上去看，比上天涯更方便。这既方便段子手们输出鲜活猛料，又方便华为内部群众上网浏览这些消息。有看的人助阵，段子手们便会吆喝得更起劲，这样一来，华为员工便将自己的主要言论阵地进行了迁移，心声社区流量大涨，天涯社区的可看性自然就下降了。那些华为之外看热闹、蹭热度、兴风作浪的人，既得不到心声社区的用户名和密码，也无权限登录华为内网，自然也就无法再"作妖"。

不过，心声社区的作用绝不止于成为华为员工共同的吐槽地。在接受员工吐槽的同时，管理者也可以穿上马甲，到社区里去反向输出一些"心灵鸡汤"和正向故事，潜移默化地按摩大家的情绪，激发大家的共鸣。

比如，一些老员工到心声社区里发表自己打项目的故事或在华为一路风雨兼程的心路历程，由此引起其他员工的共鸣，让新员工对老员工产生崇敬之意。又比如，公司还会针对一些问题专门到心声社区上发问，引起员工的探讨，获知民意导向。本来华为人在华为核心价值观不断的规训下就有强烈的集体主义倾向，什么事都习惯抱团，现在有了心声社区，更让华为人之间形成了紧密的心灵连接。思想近了，在工作中也就会更容易达成沟通协作，从而让企业以更和谐的方式良性发展。

4.4 给心灵找个树洞，给压力设置减压阀

在业界和大众的印象中，除了老板任正非，华为绝对是年轻人的天下。很多世界级通信技术难题都是一群平均年龄不到30岁的年轻人攻克的。销服体系中的代表处代表、地区部总裁，绝大多数都是30~40岁的少壮派。在世界各地举办的重要电信展中，华为团队的平均年龄也总是最小的。而在一些通信行业的重要国际会议中，华为员工不仅常常是在场唯一的中国人，而且还常常是唯一有发言权的年轻人。在一群两鬓斑白、普遍在行业内积累了几十年经验的与会者中，年轻的华为人总显得与众不同。

可就在华为各地充满年轻面孔的研究所中，你也会看到一些带着华为工卡，但两鬓风霜的特殊身影。他们往往都到了含饴弄孙的退休年龄，来华为之前就已经是桃李满天下的大学教授、大专院校中的院长或书记，甚至还有搞了一辈子"两弹一星"研究的专家学者，为我国的教育事业和科研事业奉献过青春和热血，他们在华为内部被亲切地称为"老专家"。但华为用和其他

员工同样的高薪将其招聘进来,却并非为了让他们参与技术研发工作,他们有一个十分特殊的使命——做华为员工的"心灵树洞"。

可能是因为任正非本人曾深受压力和抑郁的折磨,所以他比其他人更早意识到心理咨询和心理疏导对于可持续奋斗的重要性。华为员工的特色一是年轻,二是高知。年轻既意味着活跃的创造力和一往无前的冲劲,也意味着在心态和行为方式上的不成熟和不稳定。而高知往往能给人带来更为丰富敏感的精神生活和情感世界,这也使得他们更容易被精神上的压力和挫败感所折磨。于是华为在业务高速发展和员工快速晋升的同时,也需对各种员工心理问题进行及时发现和疏导。

比如,当一个研发项目的技术突破陷入僵局时,年轻人火气旺,做事急躁,又都是高知,团队成员都会有自己的坚持,于是难免会争得面红耳赤,吵得天翻地覆,让大家本就被技术攻关折磨得疲累的心情更加崩溃。又比如,有些员工从技术骨干或销售能手提拔到管理者的速度太快,带团队和处理人际关系的经验难免不足,面对巨大的KPI考核压力时,采用的管理手段往往流于简单粗暴。当"一唬二凶三骂人"日渐成风,员工和主管间难免会关系紧张,组织中的负面情绪也会积累。

除此之外,大量的员工个案也让华为的管理者发现,相比于工作中的巨大压力,年轻人个人生活上遇到的问题往往更影响他们持续奋斗的动力和活力。有人长期在世界各地打项目,得到父母病危的消息,却遭遇飞机晚点,得到父母去世消息的那一刻,平常铮铮铁骨的好男儿瞬间崩溃,一个人躲在机场洗手间里号啕大哭。有人因常驻海外,与配偶长期分离,造成夫妻感情疏离……如果这些生活方面遇到的挫折和打击不能及时得到妥善有效的心理疏导,最终会让人们对自己奋斗的价值产生疑虑和困惑,很难保障"奋斗"的良性发展。为此,华为专门通过党委设立了一个"老专家制度"来帮华为的年轻人度过精神上和情感上的沟沟坎坎。

之所以请这些老专家而非专业的心理咨询师来做这项工作，有以下原因。

首先，这些老专家本身就有着值得人尊敬和信赖的资本。对于做心理咨询而言，与咨询者建立起一种信任感和安全感是让人愿意打开心扉的第一步。而在当下的中国，意识到自己需要进行心理咨询，能敞开心扉接受一个专业心理咨询师的心理辅导的人还非常少。大家更愿意找自己身边值得信赖的长辈或朋友来倾吐心事。

这些老专家不仅曾经是我国科研事业的老前辈，而且还有着多年的科研人员管理经验和极为丰富的人生经历。在学理工出身为主的华为员工眼中，这些老专家富有传奇色彩的个人经历会让人产生一种天然的崇敬与尊重。而他们与华为年轻人一起工作时的那种"烈士暮年，壮心不已"的精气神更让年轻人觉得自己没什么理由不努力，没什么困难过不去。因此，当自己遇到一些工作和生活上想不开的事时，这些老专家便成为华为员工最愿意去"聊一聊"的对象。

其次，这些老专家虽然未必系统学习过心理学，但从以往的人事管理经验中积累起的心理疏导技巧却常常比中规中矩的心理咨询更加有效。他们中有许多人都有担任党委书记的经历，不仅三观端正、原则性极强，而且沟通的方式方法也十分实用、不拘一格，做思想政治工作可谓手到擒来。而他们多年练就的思想问题敏感性，也让他们更能感性、细腻地捕捉到员工思想和精神方面的动态，能及早发现问题、解决问题。

最后也是最关键的一点，这些老专家的职责范围远远超出一般心理咨询，可扩展到员工工作、生活的方方面面。工作中，老专家作为"独立第三人"，如果发现有主管管理方式不恰当、态度恶劣，造成大量员工不满，有权向华为党委监察部门反映情况。如果有员工离职，老专家得负责离职沟通，帮华为摸清员工离职背后真实的心理原因。而在生活方面，老专家更是全能型选手。他们不仅是员工有人生困惑时能"聊一聊"的知心长辈，还是给身处异国他乡的员工带去家乡味道的爷爷奶奶,是员工家庭关系的金牌调解员,是面对极端行为员工的谈判专家,甚至还会乐此不疲地为华为单身员工们做月老、红娘。总之,与这些老专家的聊天就像冬天里的一口热汤,给陷入孤单、寂寞、迷茫的人带来温暖与希望。

"老专家制度"看上去和华为所强调的"艰苦奋斗"毫无关系,也不直接产生经济效益,却能触及华为人心中最柔软、最脆弱、最容易崩溃的部分。

没有减压阀的压力锅就如定时炸弹一样,缺少心理压力释放途径的个人也是企业的定时炸弹,一旦爆了,摧毁的是员工自己的人生和企业苦心经营起来的价值认同。"老专家制度"让"奋斗"不仅充满狼性,更富有人情味,让华为的奋斗者既保持着强大的动力,又不至于因压力过大导致毁灭性的后果。

有人情味的奋斗氛围,必然能让人更有斗志地迎接人生中的挑战,从而让奋斗者文化生生不息。

> 改善福利是为了团结得更有力量，使我们的前进速度更快，战斗力更强，这样才能有更好的工作、生活条件。这些条件的改善是靠大家争取来的，不是上帝恩赐的。你口袋里装着的是你自己创造的劳动成果，创造不出劳动成果，大家口袋里不会有任何东西。只有提高效率，才能保证公司持续发展下去。
>
> ——《尽心尽力地做好本职工作》（1996年）

第5章　为艰苦奋斗者保驾护航

在中外战争史上，除了少数双方实力悬殊的情况下，弱势一方统帅会用赤膊上阵的死士充当敢死队，为大部队杀出一条血路，一般情况下，军队中越是执行攻坚克难任务的精锐，越是装备精良。因为擅将兵者都知道，前者虽然能用英勇无畏的勇气震慑敌人，但基本上有去无回，做的是丢车保帅的准备。虽能解一时之困，但这种舍生忘死却是以消耗自身有生力量为代价的，长此以往军队很容易大伤元气。

所以，真正有战略眼光的将领，都会用最好的装备来武装自己最精锐、最能打硬仗的部队。这样一来，不仅能很好地保存自己持久的生命力，也能让这些攻坚的勇士如虎添翼，让其战斗力翻倍。比如战国时期著名的魏武卒，辽宋夏金元时期西夏的"铁鹞子""步跋子"、金人的铁浮屠，无不是用来称霸天下、攻坚克难的良兵利器。

正所谓"商场如战场"，在现代商业环境下，人才，尤其是能奋勇向前为公司打粮食的人才，是每个公司都应该珍惜的重要资源。对于这些帮公司攻坚克难、啃硬骨头的员工，公司不仅要在价值回报上给予重大激励，为下一个升级闯关做准备，同时也需要为其劳动过程保驾护航。

为员工提供充足的后勤保障，可以让在前线冲锋的员工不为生活犯愁，不为一城一地的得失而气馁，不为自己的职业发展而沮丧。但只有给员工提供及时的火力支援，才能真正减轻员工在接受挑战性任务时的畏难情绪，让员工能轻装上阵而无后顾之忧。这样一来，在攻坚克难的道路上，优秀的战士就不至于被太多负累所压垮。

虽然古代也不乏"置之死地而后生"的经典之战，但在现代社会中，人们有更多自由的职业发展选择时，真正被"置之死地"的往往只有老板。如果老板想把员工也"置之死地"，那么其结果往往是优秀人才的流失。如果员工对一家企业的工作环境缺乏起码的安全感，那么出于自保的本能，他很难为实现企业目标使出十足的气力。

华为虽然一直强调以客户需求为导向的艰苦奋斗，并一直以那些为工程和项目做出个人牺牲的员工事迹而骄傲，但也清醒地意识到，华为的工作强度本身就需要员工面临巨大的身心考验，加上许多地方施工条件恶劣，如果还不能在绩效考核、后勤供应、生命安全、业务资源支撑等方面做出相应保障，那么这些奋斗者们即使不被项目本身的艰难所摧毁，也会被来自其他方面的压力所压垮。这样一来，便很难让优秀员工留住。

对此，华为提出"不让雷锋穿打补丁的裤子""让一线呼唤炮火""宁要有缺陷的战士，不要完美的苍蝇"这些理念，就是为了给攻坚克难提供力量支持，让华为建立起一支强有力、英勇善战、不畏艰难困苦、能创造成功的团队。英雄值得崇拜，英雄更需要爱护。世上只有爱兵如子的将军，才能带出真正的"铁军"。本章我将围绕华为为保证奋斗而做出的努力为大家拆解一二。

5.1 为攻"上甘岭"的人设置免责保价期

自古名将在外打仗，不怕数倍于己的敌人，不怕艰苦卓绝的硬仗，唯独怕三件事使其功败垂成。一是小人谗言，君臣猜忌。比如战国时的赵国大将廉颇与秦军对抗，就是输在秦国的反间计下。二是后方粮草、援军跟不上，让冲锋有心无力。第三点也是最重要的一点，那就是君王对前线指挥的过度干预，让前线将领进退失据。

在现代企业中，一线主管和员工在攻坚克难时同样会有类似的担心。攻坚项目不同于一般项目，其攻克是个从无到有、逐步打开局面的过程，需要很长的时间和很大的努力才能迎来最终的胜利。如果一面要求员工勇于接受挑战，下军令状，一面又对他按照常规的标准进行业绩考核，以产出来分配资源，不分阶段地催促其冲锋，为一次两次的失败而斥责员工，长此以往，便没人愿意接受有挑战的任务了。

攻坚项目本就存在巨大风险，若在过程中还如此掣肘，求全责备，那么员工做成了不见得获得认可和奖励，做不好则需要承担巨大的利益损失，不做虽无功但也无过。在这种情况下，从"趋利避害"的理性角度选择，自然选择"不做"是最优策略。如果想让员工积极地接受挑战，敢于挑战拓展型的项目，有勇气克服困难、达成目标，就必须为这些员工扫除后顾之忧，才能做到"王于兴师，修我戈矛，与子同仇"。

华为虽然一直很重视结果与贡献，强调企业效益和奋斗文化，但也是一个十分具有战略眼光、追求实事求是的企业。对不同的项目，华为会根据实际战略需要，合理管理项目预期，设置不同的目标，而非一味追求项目盈利，用成败来评价项目人员。特别是对研发项目，华为更强调的是向目标倾斜而非向成功倾斜。因为任正非明白，所谓战略其实就是取舍。

因为资源的有限性和机会的无限性之间的矛盾，公司不可能什么都要，什么都抓，只能分阶段地抓主要矛盾，解决主要问题。如果单纯用成败来衡量，那么有些啃硬骨头的事在短期内可能会因无法盈利而被放弃，从而造成长期利益的损失和方向的迷失。因此，在设定目标时，华为会从短期与长期、战略和收益等多个方面考量。一旦确立了主要矛盾和目标方向，能达到目标就是胜利，能夺得目标的人就是英雄，就要对其贡献予以肯定。即便因矫枉过正或过于激进带来一些问题，也是前进过程中必须付出的代价，否则局面就很难铺开。在这个过程中，华为不会因出现些问题就因噎废食，对项目人员该肯定的成绩要肯定，该给的回报要给足。即便项目最终被毙掉，任正非也很少追究基层主管和员工的责任，因为他知道，做与不做是高层的决定，基层主管和员工在其中付出了努力就应该得到回报，照样可以升等升级。

同样，对不同类型的人才，在进行价值评价时华为也会分职类对待，从不求全责备。在人才使用上，华为一向秉持的原则是：合适比完美更重要，实际贡献比学历资历更重要。特别是对愿意接受挑战性任务的人来说，华为会给他们一些免责报价条件，既不放松鞭策，但也不杀鸡取卵。

任正非在很多场合都说了，金无足赤，人无完人，充分发挥自己的优点，做一个有益于社会的人已经很不错了。一个优点突出的人往往缺点也很突出。有突出缺点的人，不一定不能成为好干部。在审视缺点时要看主流，而不能在细节上斤斤计较。正是在这种不拘一格降人才，容忍缺点看主流的用人观作用下，许多人在华为迅速脱颖而出。

华为内部将市场开拓性项目和攻坚克难的研发项目叫作"上甘岭"。这个上甘岭不仅是指亚非拉那些传统意义上的艰苦地区的项目,也是指所有开拓难度大、任务艰巨的项目。比如,华为从 1994 年就瞄准了俄罗斯市场,可直到 2000 年才签下第一笔 12 美元的订单。在这蛰伏潜行的时光里,不仅后来成为研发体系总裁的徐直军去俄罗斯碰过壁,就连如今叱咤风云的华为销服总裁李杰也在俄罗斯"冬眠"了三年之久才打开局面。

在为敲开俄罗斯市场大门而奋斗的 7 年艰难岁月中,华为在俄罗斯颗粒无收。尽管当年李杰每次向老板述职,都会被老板放狠话,询问什么时候能拿下俄罗斯市场,但任正非却没有在工资待遇、生活条件和资源协调方面对在俄罗斯的一线人员有丝毫亏待。相反,李杰为打项目申请的资源支持、营销团队组建费用、工资福利一样都没少给。因为任总知道,选择攻占俄罗斯市场这个"上甘岭"是公司的战略方向,是必须做的事。

而在俄罗斯遇到的挑战,既来自俄罗斯市场本身的政治经济问题,也来自华为本身的声誉和实力问题,这些问题的解决并非一朝一夕可以做到的,需要花时间撒种耕耘、悉心培育才能在俄罗斯的冻土层中种出一片小麦。也正是有了华为对于俄罗斯市场开拓给予的资金与人员支持,李杰才能够在俄罗斯招兵买马,组建营销队伍,形成以贝托华为为中心的营销网络,最终冲破了俄罗斯的寒冬,撕开了俄罗斯市场的口子。而李杰作为打开俄罗斯市场的头号功臣,不仅得到了丰厚的回报,还获得了任正非的高度赞赏,从此在华为平步青云,成为华为销服体系的传奇人物。可以想象,如果没有领导层对李杰那几年蛰伏的耐心等待,也就很难换来李杰为公司带来的巨大收益。

在产品技术研发方面,任正非对于人才的招揽和保障更是如此。虽然任正非一再对向他取经的人说,不要轻易搞研发,因为这实在太烧钱了,但他这些年从未有一刻放弃过对研发项目的投入。为了获得更好的研发技术资源和人才,华为甚至舍弃了一般国际公司惯用的研发模式,打破了将所有的核心研发都放在公司总部的习惯,采取"在有凤的地方筑巢"的策略,让华为把自己的研究所建在领域人才最密集的区域，为华为提供相应领域的核心技术开发。

比如，米兰是世界知名的微波之乡，有世界一流的微波人才资源、产业环境和高校资源，但想将米兰的人才招揽到中国来工作却比较困难。于是华为就决定在米兰当地找合适的顶尖专家，并为其就地建立米兰研究所，围绕这个专家配置了一个团队，米兰成为华为微波的全球能力中心。

在 2008 年 10 月华为中标沃达丰项目后，客户要求几个月内通过 POC（Proof of Concept，概念证明）准入测试。有位外籍专家出于与客户建立长期合作关系的考虑，提出在米兰做测试。他怕中国总部这边不同意，便利用自己和客户的关系走了点捷径。因此当固网产品线总裁丁耘到米兰支持项目时，这位专家还有些担心地向其解释自己这样做的目的。结果得到的回复是，华为因为有他在，早就决定将测试放在米兰，并且还一再问他需要什么支持。这下本来还对与中国公司合作心存疑虑的外籍专家瞬间消除了忐忑，开始信心满满地投入工作。

在后来的工作中，这位外籍专家先后多次到深圳面见华为的高层领导，发现和丁耘一样，几乎所有面见他的华为高层都会问"你需要我怎么支持你"。这不仅仅是一句客套的问候，更是会落实到各个部门的工作衔接和人员支持上的。

不管是研发项目还是销服项目，华为一旦评估其战略意义重大，便会不惜工本地投入。而对于愿意接受"上甘岭"项目的人，公司也愿意给予格外"宽容"的条件，让他们有足够的时间培育市场，寻找战机，突破制高点。

在考核上，华为对"上甘岭"项目并不以对成熟市场的收入、利润、现金流要求去约束，在考核目标上采取多路径、多梯次跨越的方式进行设定，在项目未达到最终目标前，不仅会保证员工的工资、福利待遇水平，而且还会分阶段地评估项目进展，并按照员工在项目中的贡献度分配项目奖金和年终奖。这种以阶段性进展衡量贡献的做法，让员工看到了公司对于这个项目的耐心和信心，反过来也会增强员工攻克难关、冲破阻碍的斗志。

反观有些企业，在市场开拓时总是反复与销售人员计较一城一地的成败得失，要求研发人员对科研项目的成败"终身负责"，这样不但不能鼓励员工进行真正的产品创新和市场突破，反而让员工因不敢试错、不敢犯错而不敢创新，错失良机。

只有敢于宽容失败、敢于容错试错的老板，才能培养出敢打硬仗、敢于创新的员工。也只有目光长远，有战略耐心，懂得取舍，拒绝机会主义的公司，才不会在众多的利益诱惑面前迷失方向，误入歧途。有这样的心胸和魄力，加上优秀的管理制度和流程，才铸就了一家伟大的公司和一支不断奋斗的英雄团队。

5.2 给艰苦奋斗者配置顶级防护

在华为进军海外之初，放眼世界，几乎所有阳光下的地盘都已经被爱立信、朗讯、西门子这些通信巨头所占领，华为要跟这些建制成熟、技术成熟、资金雄厚的巨头们抢地盘，就只能采取"农村包围城市"的策略，从亚非拉干起，寻找突破口。

虽然现在的华为已凭借自己的技术实力和奋斗精神敲开了世界大T俱乐部的大门，夺取了欧美发达地区的市场份额，但广大的亚非拉地区因其地域广阔，人口众多，电信发展需求大，仍然是华为海外业务发展的战略要地。

大片亚非拉地区需要驻守和开拓，也就意味着每年都需要有大批的员工补充到这些地区去工作。虽然华为从整个绩效评价体系、干部培养提拔机制、薪资待遇等方面，为激励员工奔赴海外艰苦地区做了大量制度性的建设，但这些地方疫病横行、医疗资源不足、基础设施欠缺、社会不稳定、战乱侵扰频繁等客观现实，也不是给足了钱就能让人完全忽视的。重赏之下固然有勇夫，但在现代社会中，如果仅靠经济利益吸引员工去艰苦地区工作，一旦员工发现获取高额回报的代价是要面临生存困难甚至生命危险，往往很难有人能在这些艰苦地区长期坚持工作。

针对这一问题，就像军队中往往给从事危险工作的排爆手配置最精良的防护一样，对去艰苦地区工作的员工，华为除了给予极大的物质回报，也配置了强大的保障机制。通过这些保障机制的运作，尽量改善员工在艰苦地区工作的客观条件，从而让员工更好地聚焦工作，持续奋斗。

华为员工保障的第一项举措，是将海外区域按其社会经济发展水平、自然条件进行评估，分层分级，针对不同的艰苦程度，给予相应级别的后勤保障配置。越是艰苦的国家，物质保障越全面，以为艰苦地区的员工尽可能创造一个优良的小环境，保证此地员工的基本生活。

比如对大部分非洲国家的代表处，华为不仅将其宿舍和办公室都安排在首都条件最好的富人区花园别墅内，而且还为每个代表处都配了专门的厨师、司机、车队、保安和保姆，由行政平台为员工提供保姆式服务。员工在代表处的食宿费、水电费甚至一些生活日用品都由公司统一承担。而在欧美发达国家，公司行政平台就不会这么大包大揽，采取的都是服务社会化、集约化的操作方式。员工食宿由员工自行承担，公司只会按照一定数额对伙食和住宿进行补贴，而且在补贴力度上也远不及对欠发达地区员工的补贴。这一做法一定程度上平衡了地区社会经济条件差异对员工工作造成的干扰和影响。

华为员工保障的第二项举措，是给员工配置由强制性社会保险、医疗保险以及商业保险所组成的多重保障机制，最大限度地为员工在全球工作和生活解除后顾之忧。

人吃五谷杂粮，不可能不生病，何况在海外艰苦地区，由于医疗条件有限、卫生条件不佳等问题，本就更容易受到恶性传染病的侵害。为此，华为采用"积极防范，救助待命"的策略，不仅依法为员工办足各种国家和地方的强制性社会保险，还为员工提供内容十分丰富的商业保险和医疗保障。华为为员工提供的商业保险包括商业人身意外伤害险、商业寿险、商业重大疾病险、商业旅行险等。若不幸因工意外受伤或罹难，员工除可以依法获得社会保险的相关补偿外，还可额外获得商业保险补偿。对于罹患重大疾病的员工，可额外获得商业保险的重大疾病补偿。若因病去世，可额外获得商业寿险补偿。华为还为员工以及探亲或陪同员工的家属购买了商业旅行险。与此同时，华为还积极地与ISOS（国际救援中心）等全球性医疗服务组织建立起密切的工作关系，确保外派员工和家属在海外生病也能获得及时救治。

除了这些提供事后补偿性质的工作，华为对外派员工的疫病预防工作也极为周到。不仅会针对员工所派国家的疫情，积极安排员工接种相应地区足量的疫苗，还会为海外代表处配发防疫物资和药品，加强代表处的疫情防范能力。对于地区突发的重大疫情也会第一时间响应处置。比如在新冠肺炎疫情肆虐全球时，华为在国内还没有开展全民免费疫苗接种前，就已经投入巨资申请到新冠疫苗，为每个外派员工进行疫苗接种。不仅如此，就连出入代表处的本地保洁人员和本地员工，也会做定期的核酸检测。同时华为加大代表处办公室和宿舍的消杀频次，随时监测代表处员工的健康状况，从而保障外派员工的生命安全。

华为进行员工保障的第三项举措，是根据不同地区的不同情况，采取积极的组织管理措施，保障员工安全。比如在一些战乱国家，华为代表处不仅随时和中国大使馆保持密切沟通与合作，在代表处内部还对员工实行网格化管理，每天汇总员工行程，非必要不出基地，所有物品集中采购，并提前做好撤离预案，为随时撤离做准备。在一些高风险地区，比如伊拉克，甚至给员工出行配备的车辆都是按照军方防弹防爆标准购置的。

以上三项员工保障制度，只是粗略勾勒了华为在员工保障方面所做的努力，在华为，还有许多细节体现了公司对员工的关怀。而这一切工作所指向的目标，就是尽一切可能降低环境艰苦对员工身心的伤害，让员工能在生命和生活有足够保障的条件下工作，让奋斗者的力量得以存续。

正是因为华为有了周到的员工保障托底，再用晋升机会、薪酬待遇、奖金激励等进行导向牵引，才能让更多的人愿意随公司转战南北、攻坚克难，即便遇到困难和危险，也英勇无畏，勇于拼搏。

5.3 从生活细节处体现人文关怀

如果仅从国内公司的福利待遇看，华为的基本福利待遇似乎并没有太大的竞争力，但在艰苦地区却是另一番景象。华为内部有句话叫"不让雷锋穿打补丁的裤子"，意思是华为提倡艰苦奋斗的精神，但对于真正到了艰苦地区工作，华为却不会让其赤膊上阵。相反，华为对员工工作和生活设施的配置之高，在艰苦国家的中资机构中有口皆碑，就连当地中国大使馆的外交官们也赞叹不已，说华为的员工走出来的精气神就是和别的中资企业不同。

对于那些去艰苦地区"洗盐碱地"的人，华为不仅在物质上给予丰厚的回报，在安全保障和日常生活方面也提供了保姆式服务。华为的创始人任正非在这一点上体现了一个企业家的大格局和大气魄。他非常清楚，面对艰苦的环境，只有让员工明白身后有公司强大的支持才能把人心稳住，才能让员工有足够的动力逢山开路、遇水搭桥，拼命为公司创造可观收益。

在海外艰苦地区的华为代表处和办事处，无论宿舍居住条件还是出行和餐饮条件，都达到了较高水平。从外派海外开始，员工的一切行程和生活都由华为完善的行政体系一安排打理，每个环节都有专人负责接应，员工完全不必为工作以外的事烦恼。在进入海外艰苦地区工作之前，公司首先会安排员工去口岸医院，将所有能打的疫苗都打上，能开的药都备上，费用由公司全部报销。你人还在国内，便有常驻国的行政人员给你发来相应国家的生活指南，内容林林总总，囊括从下飞机入境到日常生活、休闲餐饮的方方面面，那都是一批又一批华为人的经验积累和传承。

安排行程时，你只需要在办公室里动动手指，便可通过华为内部的慧通系统预订机票、宿舍或酒店。这样一来，机票费直接走公司电子流支付，完全无须员工垫付，还能帮员工选择最优航程。机票订好，电子机票直接发到员工的邮箱和手机上，员工直接去机场办理登机即可。外派员工如果在机场行李超重，也可以报销超重费用。

到了外派国家，会有当地的行政主管安排代表处的司机去机场接员工到代表处的宿舍办理入住。当员工正式入住员工宿舍后会发现，一旦在公司宿舍住下，便如同进了保育室，不仅生活上的各种设施一应俱全，基本放下行李便可开始工作，而且在艰苦地区的生活支出基本为零，生活中林林总总的琐事有行政人员统一处理解决，完全不必为异国他乡的生活适应而烦恼。

就拿我常驻过的马里和塞内加尔两个艰苦地区代表处为例进行说明。

首先，住宿完全免费，不仅没有房租的困扰，而且公司还会时常配发一些基础洗护用品，水电费、床上用品也都由公司统一承担和配发。除此之外，每栋宿舍还配有洗衣房，每天有保姆负责打扫房间和楼道，即便你是个再邋遢的人，保姆也能帮你将宿舍收拾得干干净净。

其次，在出行方面，艰苦地区的代表处往往有自己的车队，由本地招聘的司机领班负责调配，专职司机24小时待命。员工出行，不管公事私事，只须打电话给司机领班，便会有车直接到门口来接，而员工无须支付车费。

最后，也是最重要的，最艰苦的国家都配有华为员工的专属食堂，解决员工的一日三餐。任总有句话，只有让员工吃好了，他们才不想家。于是华为在艰苦国家的食堂建设和管理一直是员工保障的重中之重。

在华为食堂里，常驻员工用餐不收费，伙食补助统一由公司按常驻员工人数划拨给食堂，由食堂集中采购供餐。伙食补助的使用情况，则由员工代表组成的伙委会负责监督。一般来说，只要这些钱管理妥当，严格按照规定使用，其金额足够代表处买品质最好的食材，让员工敞开肚皮吃还有富余。于是华为食堂买材料不惜工本，饭菜丰富，营养充沛，水准在当地中资机构中首屈一指。

我曾随华为的厨师到当地市场一起采办过食品。我发现，只要华为的厨师一到菜场，各种小贩便闻风而动，都争先恐后地将专门留好的最新鲜的菜品拿来供他挑选。因为他们都知道，华为的厨师出手向来爽快，一般只挑品相最好的，手一指由小贩殷勤地直接搬上车，然后付钱走人。

别看华为食堂只挂了一个食堂的头衔，但其菜品质量恐怕比当地的中餐厅还好些。因为这些食堂聘请的掌勺师傅大都在国内大酒店做过厨师长。员工食谱每餐保证荤素搭配，六菜一汤，七天内不重样，三个月更换三四道新菜。我曾在法国招过几个中国留学生到塞内加尔做客户经理，他们从第一天来到代表处就被食堂的伙食惊艳了，说留学这几年就没吃过这么满意的中餐，每天都将自己的餐盘堆得满满当当，大快朵颐。虽然我曾好心提醒他们，小心吃胖，但他们还是不到半年时间就吃胖了一圈，根本拦不住。

到了一些节庆时刻，这些大师傅还会拿出自己的看家本领，在当地就地取材做一些大菜。比如在盛产海鲜的塞内加尔，春节宴真可称得上是海鲜盛宴，鱼翅鲍鱼汤、葱烧海参、红星石斑做的松鼠鱼、金枪鱼生等一道道精美大菜，不仅用料足，而且色香味俱全。那个滋味让所有参与过那次春节聚餐的人在多年之后还念念不忘。正因为华为人在食堂里吃得好，每次参加中国大使馆的新春招待晚宴时，华为员工往往都是最有礼貌、夹菜最文雅、吃相最悠闲的一类人。倒不是因为华为员工的学历高、素质高，实在是华为食堂伙食太好，员工肚子里油水足，因此对晚宴上的菜品一点都不稀罕。

说到食堂，还有一个小插曲。华为在海外扩张的初期，不管是在发达地区还是艰苦地区都会建立自己的小食堂,以照顾中方常驻员工的中国胃。可随着华为的海外布局逐渐铺满,各地代表处运行稳定后公司发现,对于配套设施齐全,管理制度严格的发达地区,如果什么都自己建,不仅公司运营成本很高,而且还存在违反当地餐饮法规的隐患,于是公司便尝试着对一些发达地区的后勤工作做一些社会化改革,比如将宿舍租赁费以货币形式发放给员工,公司只是提供房源,统一管理,但房租由员工自己交。

此时法国代表处在经过成本估算后,决定采取更加激进的社会化改革,撤销法国代表处的员工食堂,将伙食补助直接发放给员工。结果任正非到法国代表处视察时发现撤销了食堂,大发脾气,批评这个方式不好。因为一旦伙食补助发放给员工个人,大家为了省钱,往往舍不得真的拿所有补助去吃饭。何况法餐虽著名,但毕竟不符合中国人的胃口。大家吃不好必然想家,思乡心切必定动摇军心。最后法国代表处便想了一个折中的办法,在代表处附近谈了一家中餐厅,采取刷卡记账方式,由公司统一向餐厅支付团餐费用,算是又恢复了法国代表处的华为食堂。

看到华为在后勤保障方面如此投入,有人会问,值得吗?从效果看可以说无比值得!这种小环境的氛围营造,极大地增加了员工对公司的依赖感和向心力,将每一个在海外工作的华为人都牢牢地吸附在一起,让大家同舟共济,共同奋斗。

这样一种武装到牙齿的后勤保障,首先是将艰苦环境对员工心理造成的不良影响降到了最低。所有奔赴海外工作的华为员工都能在公司营造的温暖小环境中实现软着陆,极快地投入到当地的工作中。在这种同吃、同住、同出行、同工作的海外常驻生活中,员工自然而然地成了比家人还亲密的战友。记得有一次,一位交付副代表就对我戏言,每年对着你吃饭的时间比对着老婆吃饭的时间都多。相处时间一长,彼此了解程度加深,同袍之谊便浓厚起来,工作默契感也就在这种氛围中自然得到了加强。

其次，这样一种向心力极强的集体生活，不仅让团队合作的氛围在日常生活的点点滴滴中得以营造，还大大降低了组织的沟通成本。对于所有企业来说，跨部门沟通都是最难的，但在华为代表处中，跨部门沟通变成了一起吃着饭就解决了问题。因为华为中方常驻员工往往会每天同一时间一起吃饭，吃完饭又一起开会，吃饭的时间也就成了各部门进行互动的绝佳时间。人们在吃饭时，用聊天的方式谈工作，什么问题都能得到及时反馈、及时解决。反馈完了，各自找各自的业务线去汇报。有什么问题，下一顿饭再继续沟通，真正体现了"没有什么事是一顿饭解决不了的，如果一顿不够，就再来一顿"。

最后，海外这种集体生活还促进外派华为人更加勤勉地工作。大家既然没什么生活上的事需要操心，外部环境也不允许四处闲逛，那么到了晚上和节假日，与其在宿舍里一个人寂寞无聊，忍受奇慢无比的网络，倒不如去办公室待着。在办公室里，既能在经常停电的非洲享受空调带来的清凉和畅快的网络，还有各位兄弟们在一起谈谈天，聊聊工作。于是即使在国内时最不喜欢待在办公室的人，到了海外也会爱上办公室。

自古兵家有个共识，"打仗打的是粮草"。华为提供的全方位后勤保障不仅保障了员工的工作与生活，给予了华为员工海外生活的各种支撑，还促进了华为人的集体奋斗。华为人能在世界各地迅速站稳脚跟，敢于挑战各种艰难项目，勇于直面各种困顿环境，让人后顾无忧的保障体系功不可没。

5.4 让一线呼唤炮火，掌握资源主动权

丰富多样的物质激励，激发了员工奔赴海外艰苦地区的工作热情；优质完备的生活保障，降低了海外一线员工对海外环境的不适感，但要真正提升项目盈利能力，还得拼一线人员的技术实力和营销能力。

虽然通过多年发展，华为已经在国内主要城市和海外一些重点国家建立了相当强悍的技术、服务和研发队伍，为公司的产品和服务提供源源不断的新技术、新思路，但具体到海外一线代表处，多数情况下海外的销服人员仍面临孤军深入的困境。

尽管现代技术提供的IT工具和通信方式让我们能更为便捷、及时、高效地传递信息，但客观存在的时差问题和来回沟通所耗费的时间成本仍然不容忽视。将公司的集团战斗实力最大限度地转化为一线作战能力，就成了华为一直在不断努力的方向。

在传统的做法中，公司总部一般会根据地区不同的业务权重，给一线赋予一定的处置权限。在权限之内可以自行处置，权限之外就需要上报给公司总部，上升为公司总部的项目，不再由一线负责。或者采取利润抽成的方式，把一线作为独立子公司运作，只要保证每年按承诺上缴一定的利润，子公司可自行组建配置自己所需的团队，总部并不干涉。

前者延续的其实是一种中央集权式管理的思维模式，将一线置于总部之下的从属地位，由拥有资源的人通过IT工具来指挥前线。而一线人员只是总部在各地的延伸，更多时候是在单方面地执行来自总部的命令，这会造成干强枝弱的局面。这样虽然能发挥出公司集约化的优势，但会使一线人员更在乎执行来自总部的命令，对客户需求的响应度和挖掘意愿降低了，自身经营能力薄弱，因此很难真正挖掘客户潜力，承接客户项目。一旦遇到项目，便只能上升到公司层面解决。但这样无疑延长了决策链，耗费了大量沟通成本，降低了客户需求反应速度，很容易因时间差错失良机，以及因信息差造成客户需求理解偏差。

后者虽然看上去给一线松了绑，可以让一线更灵活自主地应对客户需求，抓住市场机遇，但容易造成各自为政的局面，让一线组织叠床架屋，造成重复建设和资源浪费，还会因各地的人力资源不均衡，造成一线能力配置的不均衡，不能集中优势打项目。用这样各自为政的打法，即便公司盘子铺得再大，也难以发挥大集团的集约化优势，不利于公司长期良性的发展。

任正非作为一名优秀企业家，不仅善于学习西方的先进管理理念，也善于从军事战法中找解决矛盾的办法。在一线和总部的权责关系与资源调配问题上，他便从美国海军陆战队的作战方式中获得了设计灵感，提出了"把指挥所建在听得到炮声的地方，让听得到炮声的人呼唤炮火"的理念，指出"代表处就是像海军陆战队，要轻装、要综合，地区部就是主力作战团队，要有很好的专业分工，以及及时支持的牺牲精神，整体上形成海军陆战队和主力作战团队相配合的作战方案"。在这一理念下，华为改变了以往将资源调配和销售决策等权力统统集中在总部的做法，将这些权力下放给一线代表处，让代表处的负责人来综合决策，更好地响应和满足客户需求，然后通过公司集成化的 IT 平台调配后方资源，满足项目要求。

这样一来，总部的任务不再是指挥一线打仗，而是从战略发展的角度，集中精力建立强大的支持、服务监管中心，全球的能力中心，训练一批技战术精湛、专业配置齐全的后备队重装旅，随时根据代表处提出的项目要求，从全球调配资源来满足代表处的项目能力配置。一旦代表处发现战略机会点，重装旅就火速向代表处集结，帮助抢占市场，完成交付。而一线的代表处则像海军陆战队的铁三角一样，打造综合能力强的最小作战单位，通过与客户的深度交流和互动，主动寻找战机。

当发起项目后，代表处代表需要像真正的项目决策者那样，从项目经营的角度考虑项目的人员调配、技术应用、施工成本和项目的盈利情况等多方面问题，然后向地区部和机关呼唤炮火支援。通过前后方的积极联动，既提升了一线组织的盈利能力和项目管理能力，又更为高效地利用了公司公共资源，避免了一线机构臃肿。

以我常驻过的马里代表处为例，2009 年之前，因为马里的市场没有完全打开，因此华为在马里还仅设一个办事处，中方常驻人员不到 10 人。后来华为在马里拿下了几个政府通信项目的大单，办事处升格为代表处，增加了 HR、行政的配置，相关业务线也增加了一些人员，但中方常驻员工也没超过 25 人。

靠这些人实现项目交付是不可能的，何况还有大量其他项目的日常维护工作。如果是在欧洲等发达地区，可以通过招聘本地工程人员的方式来解决人手不够的问题，但马里作为联合国评定的经济最不发达的国家之一，90% 的文盲率让当地的通信人才和工程人员极度匮乏。

不过有"让一线呼唤炮火"这一政策的支撑，当马里项目签单后，来自华为各地能力中心的相关人才都迅速在马里集合。在项目交付最繁忙的时候，来马里出差支持项目的人员多达百人，是常驻人员的四倍。不仅有来自国内的支持人员，还有从埃及、苏丹甚至法国来马里做支援的外籍员工。这些人进了项目组，便听从马里代表和交付副代表的统一安排和指挥，在项目中各司其职。

项目打下来，收入、利润全部归入代表处业绩，但对于代表处因项目需要借来的人，代表处也需要向相应部门和产品线结算出差人员工时费，并记入代表处的项目成本。而这些出差支援项目的人员虽然工资和补助仍在原部门发放，但在马里期间的绩效考评归马里的业务主管负责，项目奖金随项目绩效发放。

在华为，一个员工的绩效考评结果直接影响到其晋升、年终奖、加薪等多个方面，所以不管是常驻还是非常驻人员，都会为项目尽心竭力。

后来马里内乱，业务锐减，马里代表处的业务领导团队马上根据项目情况，精简项目人员，让之前来支援项目的人员逐步回归原部门，代表处迅速"瘦身"，转入一种低能耗的"冬眠"状态。这样既减少了日常的人员开支，又保存了马里的业务骨干，为马里代表处乱后重建、业务复苏保留了种子。

让一线的管理者有召唤炮火支援的能力，便使冲锋在前的人任何时候都不会孤立无援，使公司资源可以灵活机动地迅速整合。只有把触发资源分配的开关放到一线手中，让后方全心全意地为一线服务，也只有把进攻的开关放到一线手中，才能让他们更有信心地面对客户，为客户的各种需求提供解决方案。

5.5 为进攻提供战斗百宝箱

在著名的动作电影《碟中谍》系列中，每次汤姆·克鲁斯出任务前，其组织不仅会详细交代任务目标、任务计划，还总会有一个行动前的装备展示过程，展示为他行动的各个环节配置的由各种药品、武器、探测仪、伪装等组成的多功能百宝箱。小汤哥饰演的特工即使身手了得、能力出众，若没有百宝箱为其助力，也很难在险象环生的任务环境中做到游刃有余。

《论语·卫灵公》言："工欲善其事，必先利其器。"只有为一线人员提供充足的称手工具，才能让他们更好地发挥战斗力，更有效率地达成目标。对企业而言，一旦将流程化、重复性高的作业模板化和标准化，那么员工的奋斗精神和天赋能力给岗位所带来的边际效益便会最大化。这样的标准化作业让员工少走弯路，减少了试错时间，自然能让其将更多时间用在做正确的事情上。因此，华为尤其重视对各种项目经验的总结，并形成以案例为基础，以各种模板工具为主体的"百宝箱"。

说起来，华为这种打造模板化、标准化"百宝箱"的做法，还是从IBM偷师过来的。华为在发展的初期，虽然也有不少的项目总结留存，但并没有系统性地开展模板化和标准化工作。每个项目负责人都是从新手干成熟手的，然后再来个项目，又是一两个熟手带着一帮新手摸着石头过河。后来华为引进IPD流程时，请IBM的流程顾问进行现场办公。在跟着这些顾问学工作方法时，他们发现，在顾问团队中也并非每个人都是经验老到的专家大拿，而即便是专家也不是对所有问题都有经验。但有趣的是，不管新手还是老手、有经验还是没经验，IBM 的顾问总能迅速组合出解决方案，并保持所有输出文档材料的高标准和高效率。而这里面的关键就是 IBM 拥有的强大的资料库、案例库和模板库。这个智库中不仅凝聚了 IBM 自身发展的管理经验，还积累了为众多公司做咨询服务得出的相关经验和模板。即便遇到再棘手的问题，顾问们也能从这个"百宝箱"中抓取灵感和工具应用到实际中，从而保证了 IBM 顾问服务的一流水平。于是，华为在进行管理优化和流程改革的同时，也开始花大力气建立自己的资料库、案例库和模板库。

这样的劳动准备过程看似耗时耗力，但给企业带来的三个巨大好处却不容忽视。

第一，通过对公司项目经验的不断总结和沉淀，让经验得以模板化、标准化，便能为公司新项目的投标和实施提供合理规范的参考，避免类似错误的重复发生。当项目经验不断积累迭代时，公司新项目试错成本也会不断降低，从而达到提升公司整体项目效益的目的。

第二，通过不断对业务各方面模板化、标准化，大幅度提升了员工的职业化水平，保证了工作的高效输出。所谓职业化，就是在同样的时间、同样的条件下，做同样的事，成本更低、效果更好。现在企业之所以青睐有相关工作经验的人，无非是因为熟手能凭借自身的行业经验和项目经验更快地预判项目路径和风险，在项目过程中更自如地应对各环节的工作要求，保证项目资料的高效输出。而新手往往会因对项目全流程心中没底而显得畏首畏尾。同时，由于不熟悉行业规范和客户，在项目进行过程中，新手难免会出各种各样的问题，工作输出难以保证，从而增大了项目风险。

但如果通过业务梳理，把清晰的项目流程和重复运行的项目工作都做成标准化的模板，并让这些模板成为可直接套用的工具，做项目的风险便会大为降低。这样一来，哪怕项目交给一个新员工，只要教其熟悉流程，看懂模板，学会使用模板，按模板的规范一步步操作，也可以大幅度减少新员工的犯错概率，达成高效输出。即便老员工离职，新员工接手，也会因有模板化、标准化的经验沉淀和工具参考，不会让公司宝贵的项目经验随人员流动而散失。这样一来，公司便能逐步摆脱对个人能力的依赖。只有摆脱对个人能力的依赖，将每个项目的精华都留存在公司内部，才能真正形成公司的核心竞争力。

第三，通过不断的经验和模板总结，企业还能更好地消化和吸收其他优秀管理经验和管理机制，将这些外来的经验融会贯通进企业有血有肉的组织肌理中，从而打造出属于自己的企业灵魂。企业在发展壮大的过程中必然会吸收来自其他企业的优秀经验，进行内部的管理优化。但这种管理优化如同穿新鞋，如果没有不断总结、固化和优化，最终不是鞋变了形，就是脚磨得血肉模糊。只有通过对管理经验的不断实践与总结，让企业经历蜕变，才能体验到先进管理制度给企业发展带来的舒适，才能在壮大发展的道路上走得更快更远。

这套经验积累体系，让哪怕是一个刚出校门的应届毕业生员工，在初涉客户经理的岗位时，也不会有不知从何干起的茫然感。因为在他们还没有被正式分配到一线岗位工作之前，就通过三个月的产品培训，将公司各产品线的特色、主打产品、性能、价位配置背得滚瓜烂熟。然后又经过三个月的客户线培训，不仅操练了公司全套客户陪同流程，还通过在代表处实习掌握了公司资料库、案例库和模板库以及相关电子流的使用方法。这些都为他们正式担起客户经理的责任打下了坚实的基础。

这样，新员工即便欠缺些实战经验，但基本技战术的架势已学得有模有样。要对客户宣讲，却不知宣讲胶片[①]如何做？好办！公司的 AI 模板库中提供了五六十种胶片配色套件模板，上百种图示图例模板，总有一款适合你，而且这些模板每年都在优化更新。不知道如何投标？不用慌！公司资料库和案例库中可以查到以往类似产品线所有的报价清单和投标文档。不仅如此，还有研发人员不断上传更新最新的技术资料。一切都有高标准案例做参考，即便是模仿，也具有了国际水准，经过复制粘贴也能整合出一份像模像样的投标文档。

正式到岗后，华为还会"扶上马再送一程"，对每个踏上新岗位的人都配一个岗位导师，帮员工解决理论到实操的"最后一公里"问题。新人到代表处马上就会由岗位导师给他们分配工作，从给客户翻译产品材料、准备宣讲胶片、拜见客户等基础工作开始实操。这个过程如同加速度，开始时虽显得进展缓慢，但由于前面的基础打得扎实，新人的成长速度会越来越快。

有导师的引领和强大的资料库、案例库、模板库做后盾，即便是新手上路也不会拖团队的后腿。只要熟悉适应了所在国家和地区的社会状态、风土人情和客户情况，新人很快就能独当一面，独立承担相关工作。这样一来，在华为工作一年所得到的能力提升相当于在一般企业工作两到三年的能力提升，于是华为的管理者也往往"英雄出少年"。三年做到办事处主任，五年做到代表处代表，八年做到地区部总裁的大有人在。试想，若没有这种工作"百宝箱"为奋斗者带来叠加效应，仅凭员工一己之力，一个项目一个项目地积累经验，何来如此迅速的成长？

---

① 华为内部对PPT的称呼。

> 我们要通过跨部门相互流动，使一部分人通过丰富管理知识成为技术管理干部，一部分人通过技术知识，加深认识后成长为技术专家。我主张不能捂住干部，捂住的干部是不稳定的，只有在流动的过程中才能发现人才。
>
> ——《任正非在2002年4月18日与光网络骨干员工交流会上的讲话》

第6章　为职业发展提供更多机会与空间

在高科技企业中，做技术的人往往都会有一个困惑：到底是做一个管理者，还是做一个专家？在传统的薪酬晋升体系中，人们会习惯性地认为，只有"当官"才算有出息，才算功成名就。很多企业也往往会将员工的薪酬待遇和价值判定与职位高低紧密相连，管理层级越高，回报就越多。在"官本位"崇拜和利益导向的双重作用下，"做官"就成了员工实现自我价值的华山之路。所有人，不管适不适合做领导，都会期望自己成为管理者，而不是一个拥有一技之长却没有官位实权的"专家"。

这种"官本位"崇拜给企业了带来两个不容忽视的矛盾。

一方面，受公司规模和组织架构的限制，公司的管理岗位对于员工来说永远僧多粥少，不可能满足每个做出贡献的员工对晋升的渴望。可在管理岗竞争中落败的人，往往会因自己无其他出路而感到绝望。这种绝望会激起员工对稀缺资源异常激烈的抢夺，钩心斗角的职场斗争便无可避免。但如果公司为了鼓励员工而增设管理岗位，便会造成组织中管理人员冗余的问题，在造就大量管理者的同时，削弱了真正做事的专业化人员的力量。于是企业只好靠扩招人员来弥补效率，最后便会导致组织中的人数超过工作所实际需要的人数，从而拉低了整个公司的运行效率。

另一方面，根据管理心理学中的彼得原理，在一个"官本位"的晋升体系中，每个职工都趋向于上升到他不胜任的岗位上。一个专业能力出色的人如果长期不能挂上管理者的头衔，便会认为自我价值没有得到认可，丧失对自己岗位和专业的荣誉感和成就感。但如果因某个人在某一个岗位级别上干得很出色，就推断此人一定能够胜任更高级别的职务，也显然有失偏颇。由于专家和管理者、中基层管理者和高层管理者在能力素质要求上存在客观差异，因此并非所有在专业领域做出突出贡献的人，都胜任管理者角色。而从中基层管理者晋升到高层管理者，需要跨越的也不仅仅是身份权责的差别，更需要从管理理念和思维模式上发生根本变化。因此，将一个在专业领域有所专长的专家提拔成管理者，有时未必是好事，或许反而会成为他的枷锁，既无法让其尽情地发挥专业天赋，也会给组织和团队带来损失。

解决上述两个矛盾最好的办法，就是拓宽员工发展的通道，在管理通道外，打造完善的专业发展通道。通过多样化的职业发展通道，让热爱专业工作的员工专心做领域专家，享受专业带给自己的荣耀与成就，同时让真正具有现代商业思维和善于管理的人担任管理者。

有了多种出路，员工便能更加聚焦自己适合的工作岗位，并不断在自己选择的道路上进行技能升级。多样的发展通道，不仅解放了员工，更释放了企业的活力。当不同类型的员工在企业中都能找到自己的价值感和自豪感时，企业的整体效率也能在良好的协同合作中得以持续提升。在这一点上，华为的经验尤其值得借鉴。

6.1 技术专家：充分体验创新带来的荣誉感

对于一家高科技企业，商业模式和技术创新如同价值创造的两个轮子。两者协调得好，就可推动企业的高速发展，二者相互掣肘，或有所偏废，企业便容易陷入泥潭。

高科技企业的成立，往往是因手握某些关键技术，因此在最初阶段，技术精英和管理者的角色往往合二为一。一个员工如果在技术上表现优异，便会马上被提升到管理岗位上，成为团队的领袖或部门主管。有时老板本身就是掌握关键技术的大牛，因此自然而然地会偏向于任命技术专家对内进行组织管理，对外进行市场拓展。

但做技术的人往往都有些技术情结，天然地倾向于把产品升级到客户不需要的程度，重视技术创新，没有意识到市场和管理建设对企业发展的重要性。于是在进行企业研发决策时，往往容易陷入对技术的狂热崇拜中，忽略了作为一个营利性组织，盈利能力才是根本，技术只是一个工具，只有最大限度地满足客户需求，才会有客户愿意为技术创新买单。而研发又极为烧钱，如果没能注意平衡产品市场化能力和技术先进性之间的关系，企业的利润和现金流便很容易触礁。许多高科技企业往往因此而陨落。

既然以技术为中心不可取，那么完全以市场为中心，市场流行什么就搞什么，可以吗？显然也不行。如果一家高科技企业，开始急功近利地只做市场流行的东西，功利地追求产品的市场化效率和利润空间，大幅度缩减研发经费，放弃对前沿科技的探寻，那么虽然在短期内能给企业带来肉眼可见的好处，但这种重市场轻研发的企业"瘦身"，会给企业的长期发展埋下不小的隐患。一旦遇到市场的消费升级和技术的更新换代，跟风性的研发便会成为企业发展的桎梏和瓶颈。一个最典型的例子就是曾经盛极一时的小灵通。小灵通的盛行并非因为技术先进，而是恰逢天时地利的风口。中兴在小灵通市场上抢占先机，赚得盆满钵满，一时风光无两，但同时也因过于沉迷于小灵通的成功，忽视了小灵通在技术先进性方面的不足，对3G、4G技术的研发投入不足，于是很快便在移动通信的浪潮中转入低谷，被华为后来居上，远远超过。

虽然华为从很早就确立了"以客户为中心"的经营理念，并且一再强调任何先进的技术、产品和解决方案，只有转化为商业成功才能产生价值，但它始终没有忘记作为一家高科技企业去为客户提供优质服务的核心竞争力——技术创新。任总清醒地认识到，作为高科技企业，没有创新便意味着逐渐消亡。因此他所提出的管理优化和改革，针对的只是华为创业之初"把技术当作宗教一样崇拜"的创新盲目性问题，而并非技术创新本身。相反，在进行管理和服务改进的同时，华为同样加大了对研发的战略性和前瞻性投入。

在解释以客户需求为导向的价值理念时，任总提出，要将"以技术为中心和以客户为中心两者拧麻花。一个以客户需求为中心，来做产品；一个以技术为中心，来做未来架构性的平台"。说到底，管理是为了更好地为技术创新服务，调整组织内部的流程、IT等方面的建设，把资金、技术、人才、市场、研发、生产制造和企业内外产业链等面向市场竞争的资源和要素整合起来，而技术创新则是为了更好地为客户服务。

在这样一种企业发展理念的引导下，华为全面梳理了公司管理岗位和技术岗位对人的不同要求，设计出了以职类为横轴，以职级为纵轴的员工任职资格体系，为抱有不同追求和理想的员工提供了实现自我价值的专业发展路径。

这一体系最大的特色便在于，首先将职级与职位区分开来。决定员工职级的不是员工具体所担任的职位，而是任职资格。任职资格是在特定工作领域按照各职位业绩标准完成工作任务所必须具备的能力。其评估的重点在于，审查员工的业务能力能否达到某一职级对应岗位的能力要求，而非人的年龄、年资、品德等素质条件。

任职资格与职级有的是宽对应，有的是窄对应。

所谓宽对应，就是一个任职资格涵盖好几个职级，员工可以在同一任职资格下，根据工作绩效直接升级升等，无须每晋一级就重新做一次任职资格评估。只有在到达任职资格对应的边界职级时，才必须拿到更高级别的任职资格。一般对于HR、财务等平台类岗位的员工和管理者，任职资格采取的都是宽对应。

所谓窄对应，就是一个任职资格基本只对应一个职级。员工在度过基层员工阶段后，每升一级就必须进行一番任职资格考核。一般来说，对于研发人员的技术任职采用的就是窄对应，目的是拔擢真正的技术专家，充实华为的核心研发能力。

至于说员工拿到了相关职级和任职资格后会被授予什么具体职位，则随着公司组织需要进行动态调整。当公司有新职位空缺时，只有拥有相应任职资格和职级的人，才有资格成为职位候选人。当公司因组织调整而撤销某一职位时，失去职位的人只要经得住相应职级的任职资格考验，便不用担心自己的薪资待遇随之下降。华为的薪酬随职级走，而非随职位走。因此因组织调整而多出来的干部，会进入公司的战略后备队，被公司按照其任职资格进行重新统一分配，重新在新的岗位上人尽其用。

在华为，管理线和技术线发展的分水岭从15级开始。15级以下都属于公司的基层岗位，员工从事的都是各自专业领域的工作，在团队中都是个体工作者，还没有带领团队协同工作的职责，因此只有专业任职资格、技术任职资格和营销任职资格，而没有管理任职资格。职级一旦上升到15级的水平，就意味着员工开始成为部门的骨干，这就需要慎重考虑其未来的发展方向了。

一般来说，管理者的任职资格主要评估的是此人的团队管理和运营能力，核心在于"服务"。而专家的任职资格主要评估的是在相关专业领域的技战术水平和思维的先进性，核心在于"创新"。相同职级者，只有分工和责任范围的差异，而无工资差异。在一个部门中，主管不一定比团队成员的职级高，专家也不一定非要成为管理者才能享有更高的荣誉和尊重。比如华为推出的研发 Fellow[①] 政策，就让人看到了华为对于技术专家们的重视。

比如，某海外研究所，所长是 22 级，但其研究所内的 Fellow 级别却能达到 24 级，比所长还高。华为的工资待遇随职级走，专家级别比所长高，因此工资待遇也比所长高。而且有时为了招揽顶尖专家，其整体薪酬包（股票、TUP、奖金等）会高于业界水平。在研究所，更多的时候由 Fellow 牵头主持研发工作，而所长做的就是为这些 Fellow 提供服务、协调资源，保障其研究所需的一切人、财、物到位。

华为内部对管理者坐商务舱有十分严格的规定，甚至要求即便是高层领导，想坐商务舱也得自己掏钱升舱，因此即便是 22 级的研究所所长，出行也不能坐商务舱。但在 Fellow 称号评定之初，华为却将出差坐商务舱的待遇特别授予了 Fellow 们，甚至规定 Fellow 不坐商务舱，要对所在部门"罚款"。这样一来，技术体系的荣誉感和价值感便树立起来了，让愿意在技术领域持续钻研的人得到了应有的尊重和回报。

---

① Fellow：华为内部对顶级专家的称谓，为体现华为的特色，故本书保留了此称谓，未进行翻译。

人们一旦意识到，靠技术和专业能力也能在公司获得崇高的荣誉和丰厚的回报，对管理职位的饥渴度也就降低了。在当不当管理者的问题上，员工心态也更加平和。拥有资源调动权的高职位管理者固然很风光，但在风光背后，他们不仅面临巨大的团队管理压力和决策风险，还得为团队中的专家做好服务，为专家创造良好的环境，帮助专家收集和反馈客户需求及问题，为专家的研发提供标的物等。而作为专家，却可以在自己喜欢的领域不断钻研，尽情地在技术领域持续突破"大气层"，不用操心管理团队的相关琐事，还能获得和同等职级的管理者同样的薪酬。这样一来，技术人员便从烦琐的行政管理工作中解放出来，让有意愿并有能力带团队的人承担管理工作。双轮各司其职，各安使命，良性互动，为公司的发展形成合力。

6.2 客户销售：任重而道远的"之"字形发展

在许多公司中，客户销售线的员工往往是公司中最"飘"的一类人。他们凭借敏锐的嗅觉、高超的沟通能力和营销能力，不仅在市场上攻城略地、叱咤风云，而且在信奉"销售为王"的公司内也往往是最强势的力量。公司需要依仗他们从客户那里"打粮食"回来，才能养活公司诸多岗位的员工。即便是以技术为导向的公司，也需要销售们把技术服务成功卖给客户，才能实现技术的价值。商业价值给了客户销售线崇高的话语权，而一般有话语权的部门，为员工提供的升职空间也远高于其他部门。

除此之外，在绩效考核方面，由于市场销售人员的绩效最容易量化，能干不能干，看销售收入、看利润、看销售项目结果便可知，因此，当一个公司采取分职类垂直发展的晋升机制时，销售人员往往更容易升职。只要谁能打项目，谁能卖得出去东西，便可以一路从普通客户经理扶摇直上，占领公司高位。而其他岗位，比如财务、HR，甚至研发，由于其对公司的贡献存在一个转化过程，绩效指标量化也往往不如市场销售那样清晰明了，影响职业晋升的因素比较复杂，因此晋升速度往往缓慢。

但华为却刻意打破了这种客户销售线人员的"直线"式成长，采用"之"字形发展模式，用一种迂回成长的方式，让客户经理们放缓晋升速度。这样的策略，也体现了华为对销服体系多年来存在的人才培养问题的反思与改革。

在早期，华为的市场干部们也和绝大多数企业的市场干部一样，走的是"直线"式发展道路。随着华为在国内外市场的迅速扩张，一大批年轻的市场干部从一线迅速崛起，他们虽然拥有敢想敢拼的奋斗精神和打硬仗、苦仗的能力，但往往到了中高层管理岗位时，再想"百尺竿头，更进一步"就会遇到前所未有的瓶颈。

首先，由于晋升太快，他们从士兵一跃成为将军，职位升高了，但团队管理能力和内部协调能力却没跟上。在实际工作中，这样迅速崛起的员工很快走入了彼得原理的困境，导致许多管理问题发生。

美国管理学家劳伦斯·彼得根据千百个有关组织中不能胜任的失败实例，分析归纳出这样一个规律，即"在一个等级制度中，每个职工趋向于上升到他所不能胜任的地位"。由此导出的推论是："每一个职位最终都将被一个不能胜任其工作的职工所占据。层级组织的工作任务多半由尚未达到胜任阶层的员工完成。"这个"不能胜任的地位"则被称为"彼得高地"。

一路直升上来的市场干部虽然销售经验丰富，但对于产品、生产、服务、财务等横向业务却几乎什么都不明白，也没能很好地消化公司正在进行的管理变革和流程优化，在晋升过程中，其能力被不断透支而无法得到及时有效的补充，使其在往高层管理岗位走的过程中，逐渐暴露知识和能力的短板。当所有问题都蜂拥而至，需要做决策时，他们往往显得知识欠缺、捉襟见肘，其内心对不胜任岗位的焦虑加重，工作中更容易出现失误。

其次，从公司层面来看，这种职类分隔也容易导致市场部门和产品研发部门、平台部门的主管们产生认识差异，出现部门间相互扯皮、推诿的问题。有时市场部门的牛皮吹大了，把东西卖了出去，产品研发部门却说还实现不了，跟不上。有时产品研发部门做出了一个产品，增加了一个新功能，但市场人员因为不够了解，导致销售滞后。有时财务体系为了规范财经管理、管控风险，设定了许多条条框框，但市场销售的主管却觉得是在浪费时间，让他们在一线打项目时倍感掣肘。这样相互间的专业隔膜和思维阻碍，无形中会导致公司内耗增加，沟通成本增加，效率降低。

最后，由于客户销售线的员工升职太快，出干部的能力太强，导致客户销售线的干部候选人数量增多，人们都在这一条职类的窄道上奋斗，便很容易引起干部候选人拥塞。与此同时，在其他职类中，由于专业和职类限制，想选拔懂市场、有一线经验的管理者却相对较难。于是公司的干部梯队培养"旱的旱死，涝的涝死"，管理者容易被自己的职类和专业所束缚局限，不利于培养有全局观和精通经营的管理者。

针对"直线"式干部培养弊端，华为在进行管理变革的同时，提出干部的"之"字形晋升培养机制。对销服员工，绝不允许原地提拔，近亲繁殖。比如一个客户经理表现十分优秀，那么他所属代表处顶多提拔他到办事处主任或系统部主任。再往上走，就需要先将其调任到其他代表处做副代表。如果继续表现优秀，才可以晋升为代表处代表。到了代表处代表一级，想要成为地区部总裁，则需要先平级调动，担任一些横向业务主管，比如到地区部不同产品线担任分管主管，或者兼任另一部门的干部部部长、财经主管等。同样，地区部总裁要进一步向上发展成体系总裁，则需要经历更大的"之"字迂回，比如回流到研发部门做行政管理者，或进入公司的管理变革委员会担任委员，等等。

这种"之"字形的发展培养无疑对公司和员工个人都具有十分重要的意义。

在公司层面，让有市场一线经验的员工回流到公司平台部门或机关岗位，不仅缓解了公司干部资源不平衡的问题，同时也将从一线培养起来的"以客户需求为导向"的思维方式播撒到公司的各个部门，让"以客户需求为导向"的战略深入公司。

这些在最艰苦的岗位和最艰苦的地区磨炼过的员工，往往具备了奋斗者的基本素质，成了公司"以客户为中心"的价值观的践行者。当他们带着这样的战斗意志回流到平台部门或机关岗位时，必然会给这些内服部门带来一线的战斗思维，带领这些部门更主动地思考如何支持一线作战。这样一来，便更容易在公司上下形成利出一孔的局面。

另外，"听得见炮声"的地方往往干部最容易冒尖。这些冒尖的干部如果不能及时地晋升分流，便会窝在那里，既消磨意志，又浪费资源。让市场干部"之"字形发展到其他业务部门中，既能让冒尖的干部得到"小步快跑"的晋升，还能给其他缺干部的地方合理配置资源。特别是像研发、财务这样容易陷入自己专业技术领域闭门造车的部门，让市场销售的人过来"掺沙子"，也可以促使这些部门不再故步自封，更好地面向客户和公司需求展开业务。

在员工个人层面，"之"字形发展了延缓员工走入职业困境的时间，让其职业发展道路能延伸得更远。

一个干部到达彼得高地，意味着其发展进入了瓶颈。关于如何跨越这个瓶颈，一般有两种做法。其一，是上面的"拉动"，即依靠裙带关系和熟人等从上面拉；其二，是自我的"推动"，即通过自我训练，突破自身的能力局限。在一般企业中，前者被普遍采用，因此跑官要官和各种办公室政治便应运而生，但华为的"之"字形发展道路却着力在后者上积极努力，促进员工通过自我训练不断进步来突破职场瓶颈。

让市场销售人员"之"字形流动到其他部门担任管理工作，如同一些热门景区设置回廊进行限流,不仅有效控制了市场销售人员的晋升速度,同时也通过"之"字形发展倒逼市场销售人员在晋升过程中戒骄戒躁,不断学习周边经验和横向业务,从而对公司的管理和经营有一个全面深入的了解,打破自己的思维局限。通过到不同岗位和部门中的平行锻炼,不仅让市场销售人员懂得如何更好地"以客户为中心",同时其各方面的管理经营能力也在不同岗位上得到提升。当他们成为地区部或体系总裁时,便不会因缺少对相关业务的了解和实践而无法负担起协调全面工作的高级管理责任。

比如,市场销售人员一般会很不耐烦与财务及HR人员打交道。因为在其实际工作中,用钱会受到财务的严格监控,用人则受到HR招聘调配政策的制约,让他们潜意识中形成这两个部门就是来"找麻烦的"的偏见。

客户经理如果从市场销售岗位一路"直线"升上来,这种偏见便会一直跟随着他们,他们并不会因为做到更高层管理者而自动改观。但如果让他们在做地区部总裁之前转变角色,成为干部部部长或某一产品线的HRBP,负责公司人力资源政策的贯彻落实,让他们从之前"炮轰人力资源部"的人变成"挨炮弹"的人,一方面他们会深刻地体会到人力资源工作中的难处,加深对公司的人力资源管理体系和改革的体会与了解,另一方面他们也能将业务中积累的客户认知带入人力资源工作中,带领着人力资源部门更好地配合公司业务开展工作。等到他们成为地区部总裁时,如果遇到人力资源协调问题,便能更好地在业务部门和人力资源政策间寻求双赢的解决办法,避免出现一边倒地以业务需要为名,破坏公司好不容易建立起来的人力资源管理规范的做法,导致公司战略失衡。

准确地说,"之"字形发展为普通销售英雄转身为综合管理者提供了一条稳健均衡发展的道路。这样曲折的发展道路看似延长了销售人员的晋升之路,但正所谓"慢就是快",销售英雄们在不同岗位中流转时,不仅将市场一线的客户服务意识和业务敏锐性带入了公司内部的各个业务模块,也倒逼这些干部转换不同角度来理解和处理公司的战略。这远比任何培训都更能让这些人尽快了解和熟悉公司各模块的工作，更深刻地体会各种工作中的问题和不同问题的解决方案。通过这样的职场大迁回，销售英雄们真正成为公司的王者，这为其晋升为公司的高级管理者、处理公司战略问题打下了良好而坚实的基础。

6.3 财务与采购："改土归流"，让最安静的人动起来

企业也好，政府部门也好，拥有财权或有大量资金过手的部门和岗位往往都是最容易滋生腐败的地方，比如财务与采购。不管制订怎样严厉的惩罚措施，做怎样严格的人员筛选，似乎都很难杜绝这些部门和岗位上的员工冒着极大的风险违规越界。

曾有一段时间流行所谓"高薪养廉"的做法，认为这些部门和岗位上的员工之所以容易贪腐，是因为拿到的正常回报不够优厚，这就如同让一个饥肠辘辘的人守面包房一样，因此希望通过给予其优厚的待遇来降低其腐败的意愿，从而达到"养廉"的目的。但事实上，单纯采取这样的措施，对遏制腐败所起的作用往往十分微小。因为薪酬不管如何升都有天花板，相比起来，贪污腐败所能获得的暴利还是会让人忍不住以身犯险。

因此，华为在防范职位腐败时，早早地就抛弃了"高薪养廉"的方式。原因之一是，华为一直在坚定不移地用"以奋斗者为本"的价值分配原则和激励机制来回报员工。若只因某个岗位容易出现腐败问题而刻意提高其岗位工资和回报，那既是对真正的奋斗者的不尊重，也是对在这些岗位上的人的一种放纵。公司要治理腐败，而不是被腐败所要挟，"高薪养廉"无疑是饮鸩止渴。

另外，华为在管理方式上固然会引用灰度、弹性、平衡等中华古老智慧，

但在整体的管理哲学上，采取和吸收的却是西方的理念。在西方经济学和管理学的人性假设中，人性是脆弱的、经不起考验的，好逸恶劳、趋利避害才是人的天性，因此不能寄希望于员工勤勉奋斗和廉洁自律，而需要靠一系列的手段和制度杜绝贪腐，把人向好的方向牵引。因此对于容易滋生腐败的岗位，华为采取分权制衡、威慑和"改土归流"等机制，最大限度地斩断腐败滋生的条件，让制度帮助这些在"高危岗位"上工作的员工避免犯错，健康发展。其中，"改土归流"，即让财务和采购人员进行定期的岗位流动和轮换，便是华为约束这类岗位人员的一项重要举措。

在奔赴海外的华为人眼中，最让人羡慕的莫过于财务和采购岗位的人。倒不是因为这两个岗位承担的责任小、回报高，而是因为其他岗位到艰苦国家工作，可能一待就是五六年，甚至十年都不带动的，而财务和采购两个岗位的人却从来是每三年轮换一次，而且轮换的地区天南海北。这次北美，下次就拉美，这次非洲，下次就可能是欧洲，或者会轮换回国，然后再出来，这无疑让其他没有这样轮换制度的岗位人员觉得有盼头。

从企业的角度看，之所以对财务和采购这样的岗位采取严格的轮换制，其实是由其岗位性质决定的。对于经营客户关系的客户经理和产品经理，还有负责项目交付的交付项目经理来说，他们的工作主要在客户层面，而要建立稳定的客户关系，取得并不断增加客户的信心，除了公司本身的产品技术要过硬，还需要投入大量的时间来经营。只有对人产生了信任，客户才会对产品和技术产生足够的认可。如果客户面对的负责人频繁变更，那么既不利于客户关系的维护，也不利于对客户群的深挖。这样一来，客户线和交付线的员工更倾向于长期稳定地在一个地方，针对某个客户群提供服务。

但财务和采购岗位却不同。如果长期在一个地方工作，不仅员工的专业能力和视野会止步不前，容易产生工作懈怠，而且还容易被地方小团体所同化吸收，成为贪腐的重要环节。一个地方部门的主管，不管在贪腐中玩什么花样，只要有金钱往来便瞒不过财务，而采购则是最容易敛财的口子。如果财务和采购人员与地方主管相对疏离，那么便卡住了贪腐的脖子。对这些岗位采取类似中国古代"改土归流"的制度，让他们定期做区域轮换，便能在业务能力提升和防范贪腐中找到一个平衡点。

华为内部建立了完善的财务流程，配备了完备的IT工具，让公司在世界各地的财务和采购都有了统一的操作平台，给各地的财务和采购工作提供了统一的参照标准和工作规范。而财务和采购人员的不断流动，不仅让这两个岗位上的人对不同的国家和不同业务场景的适应力更强，还能不断锤炼他们的专业能力和素养，造就一批有国际视野的财务和采购专家。

之所以定三年为期，是因为一般来说，财务和采购人员到一个新区域，半年时间用于与代表处管理团队和项目组的磨合，然后通过支持配合代表处完成两个经营年的工作达到业务纯熟，三年后来接任的人会按照核验单一项一项核对账目，查看项目。同样，自己在去新区域时也会对自己的前任做这样的交接审查，相当于形成了一次系统内的监督互查。员工在每个地方任职期间的一切账目，只要是签了字，责任都会跟着他们到天涯海角。如果被内审查出某一时期的项目或账目有问题，不管他们到哪里都会担责。所以为自己的前途计，财务和采购的人也会在进行业务操作时，努力提升自己的业务水平，不留下疏漏和错误。

再加上，尽管所在代表处的组织绩效会影响其个人绩效，但因有这种轮换机制，不管苦也好，累也好，做得好也罢，做得不顺也罢，是艰苦国家也好，发达国家也好，三年后都会重新来过，所以财务和采购人员只要凭借自己的专业素养和公司的相关流程制度，来为各地的代表处和项目组做好分内的事，便无须太介怀与代表处管理团队的关系。这种相对疏离的身份和心态，反而能让他们以更专业的态度对待工作，更讲究原则性和制度性。这样一来便也截断了地区管理层的贪腐链条，对地区管理者们加强了经济监督，同时财务和采购人员的专业性和职业化程度也得到了大幅度提升。

6.4 管理者：经得起风雨方能成将军

我在做新员工时，曾听一位老员工戏谑道，华为真让人一点儿当官的欲望都没有。在华为做管理者，赚的钱不比同职级的专家多，干的活却比专家累，有那么一点官瘾也全被各种雷给整没了。还是做专家更惬意些。

中国传统文化中讲究"学而优则仕"。直到现在许多企业也习惯将业务骨干直接擢升为管理者。可为何华为的员工对此却没有这么大的诉求呢？除了华为给员工提供了多种发展通道，让成为管理者不再是职业发展的唯一选择，华为对管理者的严苛要求也是让员工官瘾没那么大的重要原因。

在华为，管理者是管理者，专家是专家，两者可以拥有相同的职级，但任职资格要求和素质模型截然不同，两者之间的任职级别也不能互相替代。不管是专家想要转做管理者，还是管理者想要转做专家，都必须经过各自任职资格的考核。

这就意味着，做管理者并非技术专家们的出路，而做专家也并非管理者在管理能力跟不上时的退路。相反，成为管理者的过程是一场浴火重生的过程。成为管理者意味着，要从一个专业牛人，变成能带领团队获得商业成功的领袖。这种转变不仅仅意味着要对自己的角色认知进行彻底转变，还意味着要接受完全不同的挑战和压力，牺牲的也绝不仅仅是个人的一些优势。

任总自己便为华为的管理者做了一个榜样。在华为创建之初，公司几乎所有的研发项目都有任总的亲自参与。尽管他不见得会作为研发主力出现在团队中，但他对研发团队的直接影响却无处不在。至今和华为中研的许多老员工聊天时，他们还会饶有兴致地回忆起当年任总和研发团队一起打地铺加班，敲着黑板讨论研发方案，并放言"三分天下有其一"的场景。

虽然那时许多干研发的年轻人对于老板这样"粗暴"干涉的第一反应，是"这老头疯了吧"，但态度上却不敢马虎。因为当时的任总可以随时掌握研发团队的进度情况。员工技术好不好，工作认不认真，老板都看得到，休想糊弄。

但随着华为的高速发展，研发体系越来越庞大，研发的专家越来越多，像这样老板直接插手研发工作的情况，早已成为华为的江湖传说。而今，任总常说的是，他现在越来越不懂财务，越来越不懂研发，他要做的就是把管理工作做好。

这句看似轻松调侃的话，不仅代表着他在企业管理方面的魄力，也代表着他作为企业领袖的自信。许多高科技公司的掌舵人往往会以自己懂技术、懂产品为荣，生怕自己不懂专业被人蒙骗，担心公司的核心技术一旦假手于人，自己就会被架空。可任总在华为发展的第一个十年中便主动转变了自己的定位，他说："领袖没有个人成就感，只有社会责任感，不需要大奖励。我们有非常多的无名英雄，他们是我们未来的一切，我们要依靠他们团结奋斗，充分发挥个人能力。"

于是，任总甘愿做起了刘邦，将掌兵、理财、运筹帷幄这些事大胆交给手下的韩信、萧何、张良们去做，自己则一心一意地为这些人攻城略地做好服务，像超强黏合剂一样为企业提供强大的凝聚力，为各路英雄尽情发挥搭建平台。虽然他对研发的了解比不过徐直军，论市场营销技战术比不过李杰，论对现代财务体系的运作能力比不过孟晚舟，但他从来没有放松对公司战略发展方向的思考和对企业生存空间的探索。每当危机来临时，他的精神力量和内心之火，为华为十几万名员工注入了强大的心灵动力，因此成为华为人精神上的北斗星。

有任总以身作则地为管理者树立榜样，华为的管理者也就拥有了与传统干部不同的作风。

第一，华为要求干部具有更高的牺牲精神和服务意识。

华为对干部的基本职责要求是，依据公司的战略，积极主动地开展工作，使公司富有前途，工作富有成效，员工富有成就。这就意味着，一旦你成为管理者，对你成功与否的衡量就不再是根据你自己的能力和奋斗了，而是根据你所带领团队的整体实力和奋斗结果。在这个过程中，管理者与其说是在"管人""管事"，不如说是在为团队中的人服务，为做事的结果兜底。管理者的个人技术强不叫能力强，能洞悉客户需求，为部门的奋斗把握好发展方向，开展有效的组织建设，分好利益，团结好员工，让他们高效工作，达成业务目标才叫能力强。

对于许多技术专家出身或业务专家出身的人来说，这一点可能是最难转变的。在做专家时，做的事和接触的人相对单纯，不需要处理复杂的人际关系，多数时间是在独立处理自己的工作。可一旦成为管理者，第一个需要树立的观念便是，自己不再是一个个体劳动者，或个人英雄模范，而是肩负企业目标、组织使命和团队责任的资源协调者。只有帮助下属做英雄，为团队实现目标而努力的管理者，才是真正的领袖。

因此，对于业务专家，华为鼓励他们在自己的专业领域精益求精，潜心突破技术瓶颈。而对于管理者，华为则要求他们的视野不能局限在团队甚至公司内部，更不能把自己关在办公室里，在自己感兴趣的事务中自得其乐，而是要抬头看路，低头查漏。管理者不仅要向外主动贴近客户，不断思考业务前进的方向，还要随时准备为项目的进展和流程管理"堵枪眼"，发现问题，修补短板。当团队遇到项目瓶颈时，作为管理者，不仅要敢想敢做敢决策，更重要的是积极地联络相关部门，协调上下游，呼唤炮火，帮团队寻找解决方案，提供资源保障。

这样一来，与其他企事业单位相比，华为的管理者们可以说是最不像领导的一群人，或者说他们是中国管理者这个岗位上最苦的一群人。年薪不见得比同级别的专家拿得多，但论劳动强度、精神压力却比专家大得多。不仅上班时间要处理各种团队中的纠纷矛盾和资源求助，即便是下班时间也往往要在各种培训和电视电话会议中奔走。普通员工周末还可以放空自己，睡个懒觉，运动一下，但管理者却往往需要周末开会讨论，或者陪客户吃饭聊天。极端的时候，连春节都不得休息。更重要的是，面对来自上级的压力和客户的抱怨，管理者还得主动为团队中的专家们分担压力，承担委屈，以免影响团队士气，保证团队进行高效稳定的输出。这样的管理者压力可想而知。

第二，华为的干部都采用任用制，任职期间需接受残酷的内部竞争。相比于对技术专家的优待、对基层员工的宽容，华为对管理者可以用苛刻无情来形容。

华为要求"猛将必发于卒伍"，管理者不仅要成为本部门的领袖，还必须有海外实践经验和基层实践经验，如果没有就需要置换到海外基层去补课。机关的一把手不允许从机关副职中直接晋升，而要从前线将军中选派，而且任期结束还要返回前线，不断轮流循环。而在海外一线成长起来的副代表，也很难在自己所在的代表处直接晋升为代表，必须置换到其他代表处先作为副代表主持工作，经过半年的管理者转身项目和一年的绩效考核，才能被正式任命为代表。一般代表处代表的任期是三年。三年后业绩表现良好的便会升任其他地区更高级的管理者；若业绩不佳则会被打回原来的级别，换个岗位和地区重新修炼。

正因如此，受地区和部门之间的竞争结果影响最大的，莫过于各代表处和部门的一把手。一旦哪个地区部和代表处的竞争成绩垫底，普通员工无非是奖金少了点，一般不会因此降低职级。但地区部和代表处的一把手则会被问责撤换，降职降级。员工如果出现工作失误，只要总体贡献大于成本，依然可以留用，但对于管理者，出现一个关键负向事件就会被一撸到底。

除此之外，对于公司的核心价值，普通员工可以不认同，只要不违反国家法律和公司基本规章，能认真干活，华为同样能给予合理的回报，但作为管理者，品德和作风则是底线。管理者要进行干部自律宣誓，接受来自公司党委和内审部门一遍又一遍的审查。即便自己洁身自好，下属一旦被查出问题，主管领导也会被连坐，绝无可能独善其身。不仅如此，对干部的品德要求还包括责任心、使命感、敬业精神、愿意到艰苦地区去工作等。总之对管理者来说，绩效好只是基本条件。要达到优秀，还得有奋斗意志、有干劲，会团结人、培养人，同时要了解下属，避免下属犯错。华为的做法，真正体现了"小胜靠智，大胜在德"。

第三，管理者要有灰度思维，没有灰度思维就没有容人的雅量和宽阔的视野，就很难团结员工，打造一个生龙活虎能打仗的团队。

在做专家时，员工可以固执己见，坚持自己的观点，但作为管理者，就需要学会将任务在团队成员中做合理分配，善于倾听团队成员的意见和反馈，进行自我批判和自我约束。即便觉得自己的方法更有效率，自己的思路更有道理，也需要按捺自己对于下属工作直接插手的冲动，认真分析和思考团队成员不同的观点和看法，分辨其优缺点，在大方向不变的前提下，给下属一定的自由空间发展、成长，从而促进团队的整体发展。若老盯着下属的缺点看，不仅会挫伤下属的工作热情和积极性，还容易在团队中堆积负能量，最终破坏团队的整体奋斗热情。

第四，华为的干部岗位往往会随组织调整进行任命和裁撤，这就意味着走管理线的人将面临比走技术线的人更大的人生起落。没有点皮糙肉厚的抗打击能力，就别想在华为做管理者。

在华为，当技术专家是件十分幸福的事。因为他们是负责为公司的技术创新提供动力的人，而要创新就需要宽容失败，允许试错，因此华为对技术专家是相对宽容的。

技术专家们搞研发，成功了，不仅能获得丰厚的回报，还能得到巨大的荣誉；失败了，公司也不会追究专家的责任，因为专家只对研发本身负责，不对研发决策负责，因此可以总结经验重新来过。即便是在失败的项目中，技术人员只要技术达到任职标准，该升级的照样升级，该拿奖金的照样拿奖金。不管之后部门如何调整，项目组是散是聚，走技术线的人，只要专业能力足够，任职资格的评级就不会降低，就能持续享有相应级别的专家待遇，到其他的项目组和部门中继续发光发热。

但做管理者则不同。衡量管理者成败的标准的就是团队的绩效，而团队绩效好坏很大程度上取决于项目目标是否达成。项目失败了，公司既然不愿打击技术专家们的创造力和干劲，那么就只能将板子全往管理者身上打。如果遇见部门调整，管理者业绩拼不过其他同职级的管理者，就只能降职使用。即便是想要回到技术线也不那么容易，仍要进行技术任职资格的评估。如果不合格，也无法保住其现有的职级水平。在这种情况下，如果能忍，就降级处理，等待重新分配岗位，忍不了就只能离职走人。所以相比于普通员工和技术专家，管理者在华为所面临的挑战和风险是巨大的。

华为内部两句常讲的话——"泥坑里爬出来的是圣人"和"烧不死的鸟是凤凰"——其实便是华为管理者之路的真实写照。能在这样的大浪淘沙下保留下来的华为管理者，不仅拥有过硬的管理领导能力、超强的心理素质，同时也是华为核心价值观的拥护者和发扬者。正是因为有这样一支有敬业精神和牺牲精神、敢打硬仗、主动承担责任的管理者队伍，才让华为能在 30 多年的时间里迅速崛起。

6.5 沉淀层，点石成金的后备资源池

对于组织变革和管理优化，最大的阻碍往往是人。人的阻碍一般来自两个方面：一是人们对组织变革的意义和新管理流程和方式缺乏正确的认识和

理解；二是因为组织结构调整必然会带来权力结构的变化，一些人会因此失去自己原有的位置，丧失既得利益。

因此每当组织进行大变革时，往往也是组织内部权力斗争最激烈的时候。如果这种动荡超过了组织本身的承受能力，不但变革会功败垂成，就连公司也会因此分崩离析。但对于公司而言，每个发展阶段面临的挑战和风险不同，组织结构和管理流程如果跟不上公司业务和规模的发展，也终将消磨组织的活力，影响组织的长足发展。

所以在变革势在必行的情况下，如何能让更多的人跟上公司步伐，与公司并肩作战，共同发展，以最小的个人牺牲换取组织的成功，成为摆在管理者面前的一道难题。

华为将持续的变革形象地比喻为"在高速行驶的汽车上修车，既要保持行驶速度又要把车修好"。为解决这道难题，华为采取两手抓的办法，将这种管理变革所带来的副作用降到最低。

一是从改革的步骤和节奏入手，采取边改革边巩固的办法，削平管理变革的波峰波谷。虽然从华为的发展历程看，可以将1998年看成华为实现跨越式发展的分水岭，但华为内部的业务流程改革和组织变革始终在有控制、分步骤地进行。相比那种大刀阔斧、急躁冒进、运动式的"改革"，华为更爱用改进、改良和改善来优化管理问题，提倡循序渐进、继承发扬。尽管从一线到机关的组织合并、裁撤、新增几乎是"三年一小改，五年一大改"，流程和管理的优化也是每年翻新，但在这个过程中，华为并非一味地推翻重来，而是针对流程中不合理的部分和企业短板进行小步快跑式的改良。在改进中从主要矛盾入手，抓大放小，急用先学，逐层推进。

比如，华为的流程改革之所以首先从产品研发流程开始，就是因为在市场初具规模时，研发技术和管理的落后成为制约华为发展的瓶颈。因此，华为便首先向IBM学习了IPD流程，梳理整合研发资源，号召全体研发人员认真学习贯彻。然后再开展对财务、人力资源等大业务流程的改进，让"以客户为中心，以奋斗者为本"的组织框架得以确立，然后在过程中逐渐往更深层的细节发展，这样便给了员工适应新变革的时间。

二是从培训和发展入手，建立后备资源池，给员工提供不断学习和内部创业的机会。对于在管理变革和组织调整中挤出的冗余人员，如果一味裁撤，不仅对公司是一种人力成本的浪费，对员工本身亦不公平。组织优化必然会涉及一些岗位的合并和裁撤，当岗位变少时，必然有人会因此失去岗位。如果就此认为那些冗余人员业务不精、不够努力，显然是将公司的问题转嫁到了员工个人身上。何况，这些员工本身是应公司发展需要招进来的，公司在其招聘、培训和薪酬方面花费巨大，好不容易提升了员工个人能力，让他们适应了公司的文化，成了熟手，若直接放弃便让这些成本变成了沉没成本，永远失去了收回效益的机会。

俗话说：不给出路的政策不是好政策。那么与其让员工带着对公司的怨恨和不甘离开，不如给他们提供一个在公司内部回炉再造的机会。这既可以在组织内实现人员的合理流动，又可以激发员工的奋斗活力，再不济也可以让员工有一个离职缓冲的时间。华为内部的后备资源池由此而来。

这些因组织调整出现的冗余人员会先进入后备资源池进行重新培训赋能。在培训期间，公司会将一些缺人的岗位优先发布到后备资源池。若员工对某一岗位感兴趣，可以通过公司的培训学习平台，学习相关岗位的技能知识，参加内部面试竞岗。如果用人部门面试通过，便可以重新上岗工作。虽然进入后备资源池后，看上去好像不计 KPI，没有具体工作，但也绝不轻松。

员工在后备资源池期间不仅考勤卡得更严，而且还需要每天汇报自己的学习培训情况，完成公司一些硬性规定的岗位技能考试面试。比如财务人员需要重新进行财务任职资格考试，HR 需要进行人力资源管理考试，研发人员需要重新学习公司 IPD 流程并进行相关考试。如果考试不通过，便会面临降级的处罚。通过这两个措施，华为向员工传递着公司的价值观：用人不求全责备，但员工一定要保持奋斗精神。只要愿意继续努力，公司可以提供资源和时间来为员工赋能转岗，但员工也不会姑息和纵容那些"混日子"的人。不管是对于想留下还是想离开的人来说，3个月的时间都让他们有充足的时间思考未来的发展方向，寻找新的职业发展契机。

不过，当后备资源池真正运行起来后，由于其在内部岗位调配中所起到的独特作用，后备资源池也逐渐由原来的冗余消化池转变为员工进行内部转岗的中继站。进入后备资源池的人不再仅仅是组织和流程变革中产生的冗余人员，还有不少是希望通过内部转岗重新寻找发展机会的员工。一个员工如果长期对部门主管的管理方式不满，或觉得在自己的部门工作缺乏成就感，那么他即便曾经优秀也会沉沦。

对现岗位不满而转部门无望是现代企业中人才流失的重要原因。而建立这样一个内部人才市场，一方面可以极大降低外部招聘的难度和成本，另一方面还可以激活员工奋斗热情，让员工在新岗位上持续做出新贡献。

除此之外，资源池还起到了帮助员工进行角色转换的作用。比如，研发体系的员工要外派到海外一线进入技术服务队伍，那么就需要在后备资源池中学习相关流程以及海外生活必备的生活常识、文化禁忌、礼仪规范，还要接受心理调适和求助渠道等方面的培训。教材内容都来自海外工作实操中的经验总结，对帮助员工更快地适应海外的工作和生活大有裨益。

华为通过这样"四两拨千斤"的方式，不仅化解了企业在管理优化和组织变革中的人员安置难题，还充分盘活了公司的内部人力资源，让"冗余"变成了公司的"潜力股"。这样的机制不仅让员工的潜力不断被激活，也让员工在公司内实现了多通道互通发展，给员工的职业发展创造了更多的可能。

员工篇：
永远没有舒适区

华为公司的成功，不是一个人的奋斗故事，是由于它拥有一个无私的领导层以及一大群不服输的团队。我们不保证人人都能成长都能成功，但是我们确实会向每一位员工开放成长成功的机会。

——《任正非与核心工程队相关人员座谈纪要》

（2009年8月27日）

第1章　新员工入职：所有过往都需空杯重来

1.1　你凭什么被华为招进来

华为的招聘面试，说简单也很简单。有些人凭着一颗赤子之心，虎里虎气地就轻松避开了华为 HR 在面试中设下的重重机关。事后还觉得凭自己的条件都能被招进来，华为的招聘条件实在是放得很宽。但对有些人来说，华为的招聘面试真的挺难，面试中一个不起眼的小问题都可能让自己的努力付诸东流。

曾经，我也觉得自己能通过华为的面试，想必是面试时面试官打了瞌睡。因为在同行的面试者中，专业能力比我强的人有之，比我能说会道的人有之，我甚至在面试前都不曾看过网上那些五花八门的面试攻略，仅凭着对华为的那一点仰慕和好奇便投了简历，找了一个貌似和自己专业相近的岗位参加面试。在开始面试时，我真没想到自己能一路通畅地走到最后，以至于在进入华为后的很长一段时间里，我都困惑于"华为为何会招我"这样的问题。有趣的是，当我与华为的同事谈起这样的困惑时，似乎很多人都对自己能进入华为感到有几分意外，没人会觉得自己在面试中的表现是完美无缺的。

我自己的面试过程，就出现过各种疏漏和问题。例如，在专业面试时，面试官曾问我人力资源几大模块的作用和我自己的见解。由于我学的专业是行政管理，对人力资源的内容虽有涉猎但并不精通，因此只说了招聘、薪酬、绩效和培训四块的内容，在面试后回去翻书才发现，自己还漏掉了员工关系。

又例如，在进行综合面试时，我被要求就我的优势和专长做一个20页左右的胶片，并进行宣讲。我当时就傻了。因为我自己兴趣虽广，涉猎虽多，但正经说起来实在没什么拿得出手的才艺，学术专业上也没什么突出之处，我也做不出那种知道三分就能吹成五分，知道五分就能吹成十分的事。所以在宣讲中，我便抛开所谓的"优势"和"专长"，只呈现我在专业学习中所收获的思维方式和领悟，然后告诉面试官，正所谓"君子不器"，自己将以空杯心态、极强的适应能力、学而不厌的钻研能力和"讷于言而敏于行"的行动力去面对今后的工作。虽然当时我心知，这实在是一种避重就轻的回答，并不太切题，但还是面带微笑态度诚恳地讲完了。

有趣的是，当时面试官似乎也并未介意我这种"顾左右而言它"的宣讲思路，甚至都没有揭穿我其实一无所长，反倒是针对我用来支持观点所引用的儒释道经典探讨了一番。而我则本着"知之为知之，不知为不知"的态度作答。没想到过了三天，竟然收到了综面通过的通知。回顾这个过程，就像是我在桥上偶然碰见了一位老者，帮他捡了三次鞋子，结果就得到了一本旷世奇书一样。

不过，当我作为华为 HR 的一员，开始更深入广泛地接触华为的核心价值观和招聘调配诸项事务后，我逐渐明白了华为招聘面试背后的逻辑。在华为，面试的目的在于选合适的人，而不是完人，更不是圣人。被华为录用的人不见得"十项全能"，但一定是在一些关键事情上做对了选择，才最终成为华为的一员。

作为一家学习和运用西方管理经验十分成功的企业，华为虽然把人才作为对自身发展极为重要的战略资源去经营，但并不因此将企业发展的重负都寄托于人身上。这句话看似矛盾，其实是一种大智慧。因为重视人的培养和发展，所以华为制订了严格的招聘考核流程和员工的培训培养机制，来为企业的发展储备人才力量。但因为认识到人都是有缺点的，不可以求全责备、因噎废食，所以华为极为注重企业中各种流程、制度和规则框架的制订和执行，并用各种正向激励政策和负向惩罚措施来减轻公司运作水平对个人能力的依赖。华为的招聘过程正是二者之间相互平衡的体现。

之所以对有些人来说通过华为面试很容易，对有些人来说却很难，简历都投不进去，其实正是由于华为每年在正式校招开始之前就进行了各种细致的资源梳理和摸底考察工作。这些工作如同查干湖冬捕时，渔民事先探明鱼群位置再沉网静待一样，HR 对目标人群的基本素质、专业与岗位的对应以及考核的重点早就有了明确的方向和清晰的判断，面试不过是收网动作而已。

我在面试时表现并不突出却能被华为录取，首先，是因母校华中科技大学本身就是华为校招榜单上的重点"人才金矿"；其次，恰好当年赶上华为培训中心扩展组织，因此尽管我学的专业与通信无关，也轻松拥有了华为面试资格。说到底，这是学校和专业给应届生带来的便利。

但华为对招聘员工的要求也是从实际出发、分层分级的，并非所有的招聘都对学校和专业有严格的要求。比如华为社招，就对学历和学校的限制比较宽松。因为社招的考察重点在于工作能力和业绩表现。只要工作能力足够，相对来说学历、出身就没那么重要。此外，招聘供应链生产线上的员工和华为慧通文员之类的岗位，并没有太强的专业技术要求，因此也没有什么学校的限制，学历水平也并不要求本科以上。总之，在华为，岗位需求是什么就招什么层次的人，绝不大材小用。因此是否选择了合适的岗位应聘也决定了你能否有更大的机会应聘成功。

既然通过院校和专业的初筛，已经让进入面试的人有了一定的能力保证，那么接下来的面试重点便不在能力上，而在人的综合素质上，比如心性、志向、思维方式、为人处世，等等。因为论工作能力，应届生作为刚出校门的新人，缺乏工作经验是必然的。应届生简历上那些拼命凑上去的社会实践和工作经验其实对华为没什么实际意义。

进了华为后，许多人会感受到自己在大学中所学习的理论知识远远跟不上华为的发展速度。华为30多年来被世界各地的客户不断"抽鞭子"逼出来的技术积累和风里雨里摸爬滚打中积累的项目经验，远超学生在大学的所学所能。所以，基本上每个应届生进入华为后，对自己所从事的专业工作的相关理论和知识都需要重新学习。

而华为为新人提供的强大培训体系则能帮助应届生尽快掌握相关知识和技能，迅速充实和更新自己的知识结构和思维认知。这也就意味着，在进行选拔时，华为根本不担心新人不会做事，更看重的是新人的心性、志向、思维方式、为人处世等综合素质。因为只要有良好的心态和对华为基本价值观的认同，华为的各种培训、激励措施就能发挥能力，提升效力。

华为选的人可以不是学院中成绩最好的人，但绝对对待学业足够努力；可以是寒门学子，也可以出自殷实人家，但其积极乐观的精神、独立生活与适应能力绝对是一流的，属于丢到任何环境下都能生根发芽的种子；可以是内向安静、不露锋芒的老实人，但遇事却不可轻易退缩，也绝不能任人搓圆揉扁不吭一声；可以直言不讳地表达对金钱的追求，却不会为自己的职业发展路径设限，因为在华为生存，最不需要考虑的就是职业发展和回报，只要肯付出，不怕艰苦，敢于担责，经得起折腾和考验，华为提供的平台便能让员工实现"好风凭借力，送我上青云"的理想。

因此，在华为的各个面试环节中，有时"争是不争，不争是争"。那些凭着一颗赤子之心坦诚待人，甚至抱有一些理想主义的"愣头青"，更容易通过华为的考核。相反，越是在面试中想太多，用力过猛，急功近利或故意伪装迎合考官，越容易被淘汰。因为华为面试中的那些陷阱就是为这些人而设的。

比如说在专业面试环节，并非有问必答、表现得无所不知才能博得面试官好感。在华为这些久经沙场的业务骨干、行家里手眼中，应届生的任何小心机和虚张声势都显得很拙劣。应届生对某一专业领域的理解比较浅，要出个把专业问题来难住他们实在太容易了。就像我在专业面试时被问到的那个关于 HR 工作模块的问题，我当时根本不知道在华为早就不是按 HR 的功能模块来划分人力资源管理业务环节了，而采取的是戴维·尤里奇提出的 HR 三支柱模型来构建人力资源体系。自己当时哪里只是答漏了一个 HR 业务领域，根本就对人力资源的实操一无所知。

即便如此，也没太大关系。华为的面试官并不期望一个应届生对所有专业问题都有精深的了解和认识，关键看的是答题的思路和对待问题的态度。应试者对于自己不了解的问题坦言"不知道"，会比东拉西扯、不懂装懂地回答要好。如果有可能，可以引用自己在已知领域获得的经验来提出自己的思考角度和遇到问题后的处理态度，这样做契合了华为核心价值观中对于"开放进取"的追求。

又比如说华为的综合测评，心思单纯、阳光积极、充满热情的人只要以第一反应据实作答，一般都会结果良好。相反，越是顾虑多、心思重、喜欢揣测他人目的的人，越会因在做题时犹犹豫豫，刻意违心而错过最佳答题时间，导致结果很糟糕。要知道，华为的综合测评可不是从网上随便找一些心理测评题目拼凑而成的，而是凝结了许多专家的心血。整套系统在正式上线前在华为内部已经做过多次测评实验来进行偏误调整。要是瞎琢磨，或者听信网上的什么"答题宝典"，你就输了。因为华为核心价值观的第五条就是"至诚守信"，因此在做综合测评时，诚实才是唯一的出路。

而在集体面试环节，虽然不是所有的人都会被面试官单独提问，但应试者的一言一行，一举一动都会被面试官密切关注。因此，你在集体面试的任务中，是担任临时项目组长还是组员都没关系，关键是找准自己的定位，并最终朝着组织任务方向努力。有意见要提出，也可以保留意见，但绝不能撂挑子、扯后腿。因为集体面试看的就是在你在集体中能否用合适的方式提出自己的观点，同时能否与组织成员达成团队合作，承担起自己的责任。即便任务失败也不能固执己见、牢骚抱怨，将错误推给他人，因为华为讲究的"团队合作"是"胜则举杯相庆，败则拼死相救"。

在综合面试中，若遇到类似介绍自己优缺点的话题，其实有没有优势和专长并不是面试官关注的点。面试官考察的是应试者对自我的认知和定位，以及与他人的相处模式。如果一个人很自信地说，自己有某方面的专长，那么面试官便会问："你周围的人也和你有同样的看法吗？你是否认为在他人眼中这也是你的优势？"总之，若是在论述中抛开自己的不足不谈，只谈优势，会被认为盲目自大。而对自我的反思精神和对他人的谦虚态度，则符合华为核心价值观中的"自我批判"。如果始终抱着谦虚谨慎的低姿态，诚实诚恳地面对自己的劣势，但又不失时机地展现自己的认知能力，便能完美避开这个话题后面所埋藏的"坑"。

所以，当明白了华为的核心价值观后，就会发现华为招聘面试的套路不管如何变化，都万变不离宗。华为面试的过程，也是一个企业和员工双向选择的过程。华为是真心实意地想使天下英雄尽入彀中，但也绝不强求人们为华为违心地做出改变。华为在招聘面试时，不过是用各种办法选出那些心性志向与华为有同路潜质的人。这样让公司获利的同时，也能让员工在公司得到更好的发展。

对于那些想进入华为的人，不妨将招聘面试中的环节当成自己的试炼场，凭着本心去感受，看看自己真正看重的是什么。如果能通过面试，说明华为将为你开启一段令你受益匪浅的职业旅程；如果不能顶住华为面试时的各种考验，只能说华为真的不适合你。因为相对于华为真实工作中的考验，面试中的那点曲折真不算什么。这时，重新思考到底什么才是自己想要的生活，也会让你今后的人生受益匪浅。

1.2 打怪升级从削足适履开始

在中国文化语境中，"削足适履"往往带着贬义，人们认为这是一种不懂变通、刻板固执的愚蠢做法。但反思这世间事，走捷径之后往往都需要付出巨大的代价，而看似最笨最慢的办法，过程虽艰辛些、漫长些，却能带来更扎实的成果。在华为，"削足适履"和"愚公移山"一样，具有看似不聪明，实则非常智慧的内涵。

从一家创立时"四大皆空"（无资本、无技术、无人才、无管理）的民营公司，发展到现在成为中国企业界的奇迹、全球通信行业的领导者，引进并学习西方的管理制度与研发流程对华为的飞跃式发展起到了举足轻重的作用。"削足适履"的方针就是任总在引进 IBM 的 IPD 流程时提出的。在华为内部文件《我最痛恨聪明人》一文中，任总做了一个形象的诠释："削足适履不是坏事，而是与国际接轨。我们引进了一双美国新鞋，刚穿总会夹脚，我们一时又不知如何使它变成中国布鞋。如果我们把美国鞋开几个洞，那么这样的管理体系我们也不敢用。因此在一段时间里我们必须削足适履。"之后再进行人力资源管理改进，又将这种"削足适履"的方针发展为"先僵化，后优化，再固化"的引进策略，为的就是避免简单机械地引进片面、支离破碎的东西，将西方先进管理经验的精髓学到手。

华为在改造自身的陈规陋习方面下了如此大的功夫，自然也会用同样的标准来要求每一个加入华为的新员工，新员工一定要适应和接受这些好不容易建立起来的管理体系和流程规范。于是，不管是一张白纸的职场新人还是硕果累累的职场老手，在进入华为后都需要学会忘记过往，"削足适履"，适应华为的工作环境，潜心学习华为的组织规范和系统流程，才能为在华为的职业发展打下良好的基础。

从大队培训开始，新入职的员工便会接受华为各方面的工作标准化要求。比如，大队培训时要求室内培训着正装，室外活动着统一发放的运动服。所谓正装，男士必须是深色西装西裤、浅色衬衫，打正式领带，穿黑袜子、黑皮鞋。衬衫的袖口要长于西装袖口一到两厘米，领带长度必须在皮带扣处，太短太长都不行。女士则必须穿长度到膝的深色西装套裙，不能太短也不能太长，必须穿肉色长筒袜，配黑色正装皮鞋，不能穿那种镂空或提花的丝袜和休闲鞋。总之不管男女，也不管从事什么岗位，都必须穿商务正装，室内培训时不可以有休闲类服饰出现，即便是公司统一配发的运动服也不可以。反过来，到了室外活动，则都必须按规定换成统一的运动服，不能犯懒直接穿着衬衫西裤就参加活动。由于大队培训期间早上有早操，下午有室外活动，晚上有晚课，也就意味着受训员工每天得换三次衣服，不停地奔波在培训中心和百草园之间的路上。

许多人是头一次被如此严格地要求按不同场合改换着装，每天换数次衣服，着实麻烦。我在带新员工培训时也会听到不少受训员工对这些要求的抱怨。不就是个入职培训吗，至于连这些细枝末节的事都要规定得死死的？

可别小看这个大队培训时小小的规定，它让很多人的精神面貌被强制改变了。

子曰：君子正其衣冠，尊其瞻视，俨然人望而畏之。我在海外工作时发现，很多时候，华为人在公开场合的集体亮相都有一种别具一格的气势。倒不是因为华为年轻人多，也不是因为华为人的穿着有多时尚或多讲究，而是这种从大队培训中培养起的统一着装习惯，给人带来整齐划一、规范正式的感觉。不管在平日里穿着如何随意，一旦被通知见客户或进入正式场合，华为人便会从衣柜里拿出按华为要求准备的正装披挂上阵。这种略显刻板单调的着装虽然牺牲了一些个性，却带来了一种和谐统一的整体感和职业感，给客户留下值得信赖的印象。

在华为的大队培训中，类似着装这样贯穿整个工作期的细致规定还有很多，比如在华为园区内必须按要求严格佩戴工卡，上班及用餐时间要严格遵守规定等。这些规定虽然细小，但也是华为奋斗意识和集体意识的一种外化体现。除此之外，从大队培训开始便不断灌输的"高压线"概念，更成为华为逐渐改变人的思想与行为的重要手段。

高压线，意味着这条规则是对员工的底线要求，绝对不可越界。如果碰了，轻则被记过处分，重则直接被华为扫地出门。这既是对西方契约精神的学习，同时也是对中国传统"约法三章"精神的发扬。当年中国共产党将"三大纪律八项注意"编成歌谣，就是用通俗易懂、便于记忆的方式，来进行行为约束，改造整肃红军队伍，让红军战士不管是初次入伍还是从旧军阀或土匪队伍中投奔过来，都在这样具体的要求中逐渐变成具有坚定信仰和超强责任意识的革命战士。

华为的高压线规则同样如此。在员工发展的不同阶段，高压线也会有所不同。新员工阶段的高压线可能只是提前就餐、一个月内忘打卡三次或是下班忘记锁保密柜这样的小事。等过了实习期，破坏信息安全便成了一票否决式的高压线。不仅研发人员出入园区需要接受开包查验，就连行政人员也不得随意私自将公司文件拷贝到私人 U 盘或发到私人邮箱。不管你在世界的任何地方，只要连上公司内网，公司的信息安全系统便会时刻监测记录你进出电脑的文件。我就有一个同事因在离职时想留存一些华为内部 HR 的工作文档，大量发送文件到自己的私人邮箱，结果严重触犯了华为的信息安全规定，被公司提前辞退并告上法庭。对于触碰高压线的员工，华为处罚起来相当严厉，毫不留情。

此外，在干部管理方面，内部腐败也是一条重要高压线。每年公司都会要求管理者在众人见证的场合，按照公司给的《干部自律宣言》庄重而大声地念出其中内容，并接受群众的监督。而党委的老专家们也会探查干部的各种违规腐败行为，上报给华为党委。在干部考核上，出现贪腐问题的干部会被一票否决。不管你是不是曾立下过汗马功劳，只要出现贪腐，轻则降为普通员工，重则被劝退甚至告上法庭。

如果说高压线是华为给员工划出的底线，那么不断强调的奋斗者精神则是华为对员工提出的更高标准的从业要求。

华为的努力方向，是将"奋斗者"三个字刻进员工内心，让员工迅速融入华为集体奋斗的工作氛围，激发闻战则喜、踊跃用兵的开拓进取精神。不管你是刚刚毕业、还如同一张白纸的年轻人，还是已经在社会上浸淫多年、为生计忙碌半生的职场老手，遇到这样强势的华为文化，都需要接受一番身心洗礼，收敛起身上的惰性和旧习，努力在华为的跑道上奋力奔跑，创造自己的辉煌。

在华为，哪怕是没有多少奋斗精神的人，也比许多普通企业中的员工表现得更为积极，职业素质更高。原因很简单，这就好比你在少林寺中即便每天干的就是扫地、烧火、担水、劈柴的活儿，但处在人人习武的氛围中，每天和别人一样冬练三九，夏练三伏，打坐参禅，年深日久，就是个扫地僧也成了高手。

当一个人年复一年日复一日地跟着一群特别乐观、特别积极的奋斗者们同吃同住同劳动，哪怕他主观上并不是特别积极，在这样的群体氛围和规则约束下，也会被这种战斗精神所感染，激发出奋勇向前的进取行为。一旦奋斗久了，奋斗就变成了一种习惯，习惯一旦成自然，就变成了一种身体记忆，深深地烙印在了他的潜意识中。

对员工而言，虽然开始时华为强势的组织规则、严格的流程制度和一元的文化氛围会让人感到诸多不适，但只要你能经得住"削足适履"的考验，真正与这双"华为鞋"磨合好，那么不管前面是山还是海，你都能披坚执锐，一往无前。

1.3 学习为客户服务先从内部做起

正所谓"男怕入错行，女怕嫁错郎"，作为应届生，走出校门的第一份工作，往往会奠定其职业生涯发展的底色。如果第一份工作"遇人不淑"，遇到了一个糟糕的老板或各种潜规则横行的组织，那么在这样的环境中染上的墨色和恶习，以后可能很难纠正。但如果第一份工作是在一个各方面都表现优秀的平台，能在正向的引导和激励中持有正确的职业态度和价值导向，则会终身受益。

华为对应届生来说，无疑是个绝佳的起点，不仅因为它在工作流程的先进性和制度的完善性方面非常领先，更是因为华为会用"以客户为中心，以奋斗者为本"的信仰，帮助职场新人树立正向的职业精神。

只要是在华为工作三年以上的员工，不管之后离职去哪家公司，做什么事情，在华为养成的工作习惯和工作态度都会伴随着他，成为一种深入骨髓的自我约束和道德追求。即便进入其他企业，这些员工会或多或少地调整自己的工作方式，但这种职业底色却不会发生根本改变。不得不说，华为为这个社会贡献的，不仅仅是世界一流的通信服务，还有一大批具有国际视野和良好职业素养的职业人。

以客户需求为导向的思维方式、强烈的服务意识和排除万难的执行能力，是华为职业素质培养的三大核心。而这一切都来自华为第一条核心价值观"成就客户"。

在华为，"客户"不仅仅指的是现实中那些实实在在付钱买产品和服务的外部客户，还指工作中所有被自己影响的岗位和人，也就是内部客户。

比如流程中下一道工序的负责人是上一道工序的负责人的客户；业务部门是 HR 的客户；海外一线是机关部门的客户。从员工第一天入职开始，华为就在用内部客户的概念时刻规训员工，从而在公司内部形成一种为客户服务的力量传递。先服务好内部客户，才能真正服务好外部客户。

比如在华为的新员工培训中，往往会在下午最困的时候安排一个全班的集体活动。活动很简单，就是全体起立，站成一列，每个人按教官喊的节奏为你前面的人揉肩捶背，一分钟后再向后转，反过来，由被你揉肩捶背的人为你服务。这个活动开始时难免有些男生或女生抹不开面子，不好意思碰前面的人。而有时，一些男生调皮，故意在揉肩捶背时下手很重，捉弄前面的人，但这样一个"捉弄人"的小活动却对培养员工彼此间的默契和服务精神起着不可忽视的作用。

之所以会穿插这样的小活动，首先当然是因为生理需要。华为的培训虽然并没有强行要求学员按照军姿全程挺直腰板，但对课堂风纪的要求也十分严格。不能看手机，不能在非规定时间交头接耳，不能打瞌睡。可是穿着正装正襟危坐，时间一久绝对是对人意志力的考验。别说是那些在职场多年、身体已懒的社招人员招架不住，就连刚出校园的学生估计在大学里也没如此正襟危坐地听过课，其疲累程度可想而知。于是在下午最容易犯困的时候，大队培训的教官和班主任便会在课前穿插一些这样的小活动来让大家舒展筋骨，振奋精神，以便学员能用更饱满的热情和专注力投入下面的课程中。

但这个活动的意义却不止于此。在活动过程中，人人都是服务者，人人也都是服务对象。当你在为前面的人揉肩捶背时，你后面的人也在给你揉肩捶背。如果你故意使坏，整了前面的人，马上便会在前队变后队的反转中被报复回来，结果只能是搬起石头砸自己的脚。于是经过两三次演练后，没人再敢对前面的人有丝毫怠慢，甚至还会在服务后主动问一句"这样力道如何？舒服吗？"来确认对方的感受。而这恰好就是华为希望每个员工在工作中所秉持的服务态度。

像对待客户一样对待你所在流程的上下游、你的领导、你的同事。因为只有你服务好了别人，别人才会反过来服务你。如果扩展到公司层面，那便是一线可以毫无后顾之忧地往前冲，有需要时可以随时向地区部、向机关呼唤炮火，绝不会出现孤军深入后，环顾四周发现自己陷入孤立无援的境地。

又比如，华为的培训中还会穿插一些基础岗位锻炼，比如要求销服人员进入客工部实习，实操订车、订酒店、点菜这样非常琐碎细致的客户接待工作，组织研发人员到供应链工厂了解公司产品的生产流程，帮生产线的工人们拆包装、打扫卫生、擦机器。甚至进入后备队学习的后备干部和内部转岗人员，也会被安排进松山湖的工厂，与生产线工人共同劳动两天。这样安排不仅是希望员工更全面地了解华为的客户接待工作和产品生产情况，更是让员工在亲身参与服务性工作的过程中，明白为他人服务的意义。

在华为，大家为了工作可以争吵，可以发火，但没有一个岗位或部门的主管或员工会对其他部门的同事颐指气使。尤其是HR、财务这样因掌握资源而容易让业务人员感到高高在上的部门，更是被华为严格地控制着工资水平和职级晋升，让这两个部门完全变成了服务部门和清水衙门，不仅工资、职级涨得慢，奖金也往往比业务部门的员工差一大截。

为了改造 HR 和财务人员队伍，提升 HR 和财务部门的内部服务质量，华为还不断用有一线客户经验的管理者给这两个部门"掺沙子"，让有业务经验的人做 HR 专家和财务专家们的领头羊。人力资源和财务部门的高级管理岗位都是由从业务线空降过来、具有丰富业务经验的人担任的。如果一个专业 HR 想在华为做人力资源部中层以上管理者，就必须经得起业务部门的考验，对公司业务了如指掌才行。正是在这样连续不断的反复规训中，华为的 HR 和财务人员普遍具备为业务服务的良好自觉性，与业务部门打交道时，态度也格外谦逊。工作积极努力，极富团队精神，执行力强，还能急业务人员之所急，想老板之所想。这样为公司解决问题不添乱的 HR 和财务人员，哪个老板会不喜欢？因此从华为离职的员工也往往成为其他大企业青睐的抢手货。

对于应届生来说，能在华为这样一个流程完备、管理规范，又十分富有进取心的公司工作，不仅让他们的职业生涯有了一个好的开端，还让许多可贵的职业习惯融入他们的血液中。今后不管从事什么样的工作，这些员工都会按照这样的职业精神进行自我约束。即便不当管理者，也绝对是高素质的好员工。这无疑是华为除高薪之外给员工最大的馈赠。

1.4 在华为奋斗的方向——核心，核心还是核心

在每个华为新员工入职时，收到的培训材料第一页便是任总撰写的《致新员工书》。在这篇类似于欢迎致辞的文章中，有这样一段话：

真正绝对的公平是没有的，你不能对这方面期望太高。但在努力者面前，机会总是均等的，只要你不懈地努力，你的主管会了解你的。要承受得起做好事反受委屈，"烧不死的鸟就是凤凰"，这是华为人对待委屈和挫折的态

度和挑选干部的准则。没有一定的承受能力，今后如何能挑大梁？其实一个人的命运，就掌握在自己手上。生活的评价，是会有误差的，但绝不至于黑白颠倒，差之千里。要深信，在华为，是太阳总会升起，哪怕暂时还在地平线下。

这样激情澎湃的文字，可以说点燃了许多应届生在华为大展宏图的热情。有些人会以为，既然老板都说了，只要不懈努力，就会有机会，那么只要积极努力地完成主管分配的任务，就能很快实现自己的财富梦想和职业期望了。如果有这样的想法，很明显是漏掉了这段话给员工的警示，在华为并不是所有的努力都会被认为是奋斗。一个勤奋工作的人也有可能受委屈。能从委屈和挫折中找准自己的方向，重新爬起来，才能在华为有更好的发展。

在华为，最直接产生客户价值的部门莫过于研发和销服。作为华为的利润中心，研发和销服体系的岗位，拥有比平台部门岗位更大的价值。

而财务、HR、行政等平台部门的价值，则在对研发和销服的支持和服务上体现。因此对员工而言，在不同的部门面对的发展机遇也不一样。

越靠近核心部门的核心岗位，面对的发展机遇越多，发展口径越宽，当然压力也会越大；越远离核心部门的核心岗位，发展机遇越少，发展路子越窄。华为正是通过这种内部岗位的不均衡发展，驱动员工向一线靠拢，将员工导向冲锋，导向奋斗的。

我曾有一位同事，就因开始时没有认清这一奥妙，而差点栽在华为的"三年之痒"上。当我遇到他时，他已经在华为的培训中心度过了三年时间。一般来说，在华为一年可以升一到两等，三年起码可以升一级。他作为应届毕业生进入华为，进来时是13B，与他同期进入但分配到其他HR部门的同学三年后都已升到了14B，有些表现不错的甚至升到了15C的水平，只有他还在13A的职级上裹足不前。

说起来，不是他不努力，实在是运气有点儿背。他所在的培训中心一度由华为原董事长孙亚芳直接领导，但由于孙亚芳和任正非对培训中心的发展期望和经营理念上有分歧，导致他入职的那几年，培训中心几经调整合并，部门重组。在这样的动荡下，组织绩效不好，个人绩效也受影响。培训中心里那些从市场和研发线上下来的老员工，凭着在华为多年的生存经验尚且勉强度日，他这样的新兵更是无从突破。

更糟糕的是，他当时对这样的处境并不是十分清楚，更没有意识到要调整自己的奋斗方向，只是埋头一味傻干，深陷在能力增值很低的带班琐事中，从不思考自己为何总在低位徘徊。直到被调整进后备资源池他才意识到，自己的努力竟然毫无价值，他不禁对自己在华为的职业生涯感到深深的绝望。他想不通，明明自己也很努力，为什么和同期进来的同事相比差距会那么大呢？其实原因很简单，那就是他作为初出茅庐的应届毕业生，并不清楚什么是公司的核心部门，以及核心部门在晋升与回报方面与非核心部门存在多大差距。一开始选择的方向不同，自然发展路径和速度也不可同日而语。

与一些公司对自己的组织体系、薪酬体系讳莫如深不同，华为往往在新员工培训时，就会很大方地向新员工详细介绍公司的组织体系和薪酬体系，为的就是帮大家明确华为的"以奋斗者为本"是如何落实到岗位和薪酬上的。而且作为HR，通过公司内部的网上学习平台，便可以获知华为对各个岗位的任职要求。而这一点，他竟然在这三年中从未认真想过。

于是我便对他说，你进入华为后，虽然看似和其他人是从同一起跑线上出发的，却不知道岗位地位和发展机会是不一样的。你需要搞清楚的是这种不一样所依据的价值衡量标准，然后为自己的奋斗制订合理的目标。华为将"以客户为中心，以奋斗者为本"作为其核心价值理念，因此公司里的岗位中，谁更接近客户，谁便拥有更大的话语权、更多的发展机会和更高的待遇。

在华为，常年与客户打交道的销服岗位属于华为生态链的顶端岗位，特别是客户经理和产品经理。因他们直接面临来自外部客户的压力。他们是公司其他岗位的客户，公司其他岗位的人必须尽力配合他们的工作，满足他们呼唤炮火的要求。其次重要的是研发岗位。而需要服务于公司所有管理层、骨干、员工的 HR 则处于这条生态链的最低层。在华为做 HR，本就意味着不会得到和业务部门一样的发展机会和晋升空间。所以在华为，任何业务部门的管理者都可以成为人力资源部的管理者，但很少有 HR 专家成为人力资源总监。因此选择做 HR 就得摆正自己的位置，不要因为自己的发展不如业务部门人员就觉得委屈。

另外，在人力资源体系中也有其内部层次。华为的 CHR[①]，主要功能是提供人力资源内专业领域的专业研究。在 CHR 之下的培训中心，最体现其价值的是面向管理者的管理能力培训和面向员工的技能培训，因此最重要的能力是设计课程、书写教案等。如果一个培训岗的员工，没有接触过管理者能力培训和员工技能培训课程，又没能很好地学习设计课程和书写教案方面的技能，只是机械地做诸如带班、安排老师这样的教务工作，哪怕每次的教务工作都做得很认真，很负责任，也会因没有产生岗位的核心价值而难以得到价值肯定。

有时，方向比努力更重要。只有有目标、有理想的努力才能称为奋斗，没目标、不反思的努力只能算是瞎忙。想要改变命运，获得快速发展唯一的办法就是下狠心朝核心业务靠拢。如果耐得住寂寞，喜欢培训工作，那么就"板凳甘坐十年冷"，沉下心来磨炼自己的课程设计能力。如果想要赚钱，那就去海外一线。即使做不了研发和客户经理，在一线做 HRBP 也算是人力资源岗位中最靠近客户的岗位，其得到的锻炼和晋升机会也远比在培训岗位上所得到的要多。抱怨和委屈在华为解决不了问题。

后来这位同事经过后备资源池的洗礼，终于横下一条心奔赴海外，去了

---

① CHR：华为总部的人力资源部。

没什么人愿意去的南苏丹。果然两三年时间，不仅职级涨了一大截，工资和年终奖金也翻了几番。他后来说，尽管收入仍然不能和客户经理、交付经理这样的核心岗位比，但他心态平衡了。他说，毕竟客户经理和交付经理所面临的压力比 HR 大得多，不能"只看到贼吃肉，看不到贼挨打"，付出和回报在华为果然都很公平。在一线的两三年，他逼着自己思考如何为业务服务，也让自己看到了 HRBP 工作的意义和价值。而这些工作上所获得的能力和海外工作获得的阅历，与他在培训中心那三年完全不可同日而语。因此他不仅不后悔当初奔赴海外的决定，甚至后悔自己去海外去晚了，要倍加努力迎头赶上。

华为就是用这种打破均衡的做法让员工明白，想要在华为得到丰厚的回报，就要想办法做那些为客户创造价值的事。若只满足于按部就班，交代什么就做什么，不动脑筋思考如何让自己做的事产生真正的价值，虽有苦劳，但也不可能得到丰厚的回报。

为客户创造价值才是奋斗，为客户创造价值才是每个人应该努力的方向。即便不能直接对外部客户创造价值，也需要积极地为内部客户服务。这样一来，也就激发了华为员工服务一线、奔赴海外的热情。

1.5　看懂华为的职场路径图——任职资格

前文中我已介绍过以职位职级为纵轴，以岗位职类为横轴，以任职资格为岗位能力衡量标准的华为任职管理体系。在华为时，我对这套体系习以为常，不觉得有什么了不起。可当我后来进入其他公司后，反观华为这套体系，才感到能在这样一套系统中展开自己的职场生涯，华为人真的挺幸运！因为这套任职管理体系不仅仅为华为员工描绘了一张职业发展图谱，更为华为员工提供了超越年龄、学历、出身的公平竞争机会。不管你以什么样的起点进入华为，只要找对方向，肯努力，做出贡献，便可以通过这套体系来改变命运，实现职业理想。

有了横轴的岗位职类划分，员工便可知道自己所从事的岗位在华为这艘大船上所处的位置，知道自己的职业生涯需要朝哪个方向努力。有了纵轴的职位职级划分，便为每个员工标注出了阶段性发展路标，不仅能为员工提供足够的激励，也让员工每一步的晋升都实现平稳过渡。

华为的任职资格体系将内部岗位分为五大族类——管理族、营销族、专业族、技术族和操作族，并按照族、类、子类和职位进行逐层分解。尽管在这五大族中，并不是所有族的岗位都能实现从基层到高端的职位贯通，比如管理族就只有中高职级，而无基层职级，而操作族则只有基层职级，而无中高职级，但基层员工想要改变自己的职业身份，只要按照任职资格要求达到相应能力标准，做出相应的工作贡献，就可以谋取更高的职位。在这一点上，华为向上晋升的通道永远对所有员工开放，只有工作能力和绩效贡献要求，而无任何其他条条框框。

我初去海外成为 HRBP 时遇见的业务导师，就是通过努力实现了自己职业生涯上的跨越的。当时我作为代表处唯一的中方 HRBP，各种压力扑面而来，又要执行来自机关和地区部的各项 HR 政策，又需要平衡代表处对 HR 工作的诉求，支持业务的快速发展，还要处理与本地 HR 相互配合的问题，时常焦头烂额。幸得有这位业务导师的耐心指导和出谋划策，我才走出了最初的困境，逐渐理顺业务走上正轨。

我在一段时间里误以为她也是研究生毕业进入华为的，而且比我年长。毕竟我在华为总部所共事的 HR 同事，几乎都拥有研究生及以上学历。直到后来一次偶然的机会我才发现，她不仅比我小两岁，而且只是大专毕业，毕业学校也并非华为校招名单上的对口学校，但她所展现出的工作能力和业务水平却绝不逊于任何其他的 HR。

后来我才知道，她进入华为并不是通过华为技术的招聘，而是作为华为慧通文员①招进来，属于华为五大族中的操作族中的文员类，当时正好赶上北非项目暴增，她一个20岁出头的姑娘便毅然申请外派去了北非地区部。初到北非时她被安排做项目管理，实际做的却是打杂的活儿，帮项目组处理各种日常文档和行政琐事，比如汇总项目信息、整理项目进度表、帮项目人员安排车辆住宿等。在这个过程中，她没有让自己停留在这些简单操作层面，而是抓住机会，努力学习项目管理相关理论，并在实践中与项目工程人员一起摸爬滚打，通过公司相关任职资格认证，让自己改变了慧通文员身份，成了真正的华为项目管理经理。

后来公司鼓励有一线项目经验的人进入HR队伍，帮助HR部门增强为业务服务的能力，她便被调入北非人力资源部，从头开始学习人力资源相关业务。先是在地区部做员工关系协调维护和招聘调配，后来又辗转去塞内加尔、乍得这些地方做代表处HRBP，再通过HR任职资格认证，成为一名高级人力资源经理。别看她年龄比我小，但工作阅历却比我丰富，为人处世的干练使她具有一种超越年龄的成熟感，以至于我初到海外时叫了她一年的"姐"。

当然，并不是所有人进入华为后，都会像我这位导师一样，立马意识到任职资格对自己职业发展的重要性。比如研发人员可能天然会更关心技术，疏于考察职业发展的必要条件。但这也没关系，华为的人力资源部门每年都会定时开启任职资格评定和职位职级回顾的工作，一遍又一遍地提醒业务部门，尤其是研发和销服这两大核心部门的管理者和员工，进行任职资格认证，继而进行职级评定。

在这个过程中，员工只需要按要求做好自己的任职资格认证准备，参加

---

① 慧通文员：指的是由深圳慧通商务有限公司招聘的基层文秘岗员工。

相应认证考试和答辩，后面的事便完全可以交给 HR 处理。HR 会为各层级的主管梳理出本部门人员近三年的职级晋升情况、任职资格情况和绩效考核情况，这样在职级评定时，一切都有数据支撑，绝不会漏掉一个应该升等升级的人。对于不予升等升级的员工，也拿得出数据凭证，让员工心服口服。华为的这套任职管理体系，与员工任职资格中所表现出的实际工作能力挂钩，与绩效考核结果强挂钩，从而打破了许多晋升方面的条条框框。

别看华为在国内校招时十分看重学校和学历，但真正看重的还是实际工作能力和贡献。一旦进入华为，过往的学历便都成了浮云，不管你是博士还是中专生，都站在了同一起跑线上，都要接受华为任职资格和绩效考核的严格考验。

任总曾说，"茶壶里的饺子，我们是不承认的""茶壶中的饺子，倒不出来，不产生贡献，就不能得到承认"。在这样的指导方针下，谁方向看得准，谁更豁得出去奋斗，谁就能在华为的体系中发展得更快。因此，在华为，老资历和高学历不见得是优势，相反，年轻进取反会成为一种竞争优势。一个年轻有为的管理者领导一帮学历比他高、资历比他老的员工干活的情况，在华为比比皆是。任职资格摆在那里，绩效成绩摆在那里，当下属的心悦诚服，当管理者的也受之无愧，华为因此也有了比一般企业更为纯净的职场环境。

> 全体华为员工就像铁矿石一样要经过烈火的煎熬，去掉渣滓，出来铁水；铁水添加一些矿物质，除掉硫、磷等杂质，变成钢水；钢水变成钢锭，千锤百炼的钢锭再被压轧成钢材。华为的员工又岂止受到千锤百炼的折磨？钢材的痛苦只有钢本身知道，华为员工的痛苦也只有华为员工和家人才知道。因为我们公司要称雄世界，注定是一条坎坷的道路。
>
> ——《钢铁是怎样炼成的——任正非在CNBG向CBG移交"千疮百孔的烂伊尔2飞机"战旗交接仪式上的讲话》

第2章　老员工的奋斗人生

在华为，通过对新员工的考验很难，而成为老员工后经受住职场锤炼更不易。不拘年龄，也不拘校招还是社招进来，能在华为连续工作三年及以上，才算是华为初步冶炼出的"铁水"，步入老员工的行列。为什么是三年呢？这与华为的新员工培训周期、考核周期和年终奖发放时间有关。

通过前文的描述，想必各位已对华为培训的内容和目的印象深刻。华为之所以采取这种周期长、见效慢的员工培养方式，其实正是以慢打快。在长达半年的新员工岗位培训过程中，员工在极为严格的培训下，学理论、学管理、学流程、学规矩、学技能，总之学习今后在工作中一切用得上的基本技能和知识，目的就是使自己到了部门就能打仗。

在华为的工作场域中，人人都如同非洲草原上的动物一样奋力奔跑。这就意味着，新员工若是毫无准备进入这样的场域，没人有耐心和时间来教新人各种流程、规矩。可偏偏华为的各种流程、规矩还特别多，一般人一下子还真搞不清。如果不经过培训，新人很容易还没开始奔跑，便被各种流程、规矩所碾压，也会因搞不清这些基本工作流程、规矩和缺乏技能而拖组织后腿。所以"磨刀不误砍柴工"，干脆在新人正式开始工作之前，就先把应学应会的都教了，这样到了部门也能用得更顺手些。

在这个阶段，虽然许多人都还没被正式分配到具体的部门和岗位，但所有人都需要拿出备战高考的劲头来应付各种培训考核。如果受不了这样的集训强度，自然不会想要留在华为，他在华为的职业生涯便到此结束，相当于对新员工又做了一次筛查。

熬过了新员工集训的魔鬼营，便会进入一个相对惬意的导师带领阶段。在这个阶段，新员工会由一个老员工带领着开始工作。这种"师傅带徒弟"的方式，是华为新老交接、文化传承的重要一环。对新员工而言，这个阶段虽然有绩效要求，但尚未在工作中正式单独承担 KPI。有导师的指导和帮衬，能够进一步适应华为激进争锋的工作氛围，提高事务处理能力。哪怕是因工作经验不足而犯幼稚的毛病，也因有导师从旁指导，不至于被直接拍入浪底。对担任导师的老员工来说，带新人不仅是任职资格晋升的必要条件之一，还能进一步拓展在公司的人脉，也十分有利于自身在华为的绩效表现提升和能力积累，于是老员工带起新人来也格外尽心尽力。

这样一来，华为的各项文化基因便在这种相对柔性的机制中繁衍传承了下来。可以说，导师制是华为战斗文化中难得的温情，也是给新人适应组织工作节奏的最后机会。作为新人，如果能在此时有个不错的导师带领，便能抓住机会，迅速站稳脚跟，迅速成长。

这段时间结束后，一般会有一个新员工答辩会。这既是新人阶段的汇报演出，也是新员工的出师礼。从这时起，新员工才开始独立制订PBC，承担相关工作，试炼自己在此之前学到的各种本事。通过一个考评周期，初步证明自己能成为一名符合华为标准的员工。而华为的年终奖因分配机制有别于其他公司，往往要到来年五六月份才发放，所以一个新员工真正凭独立工作证明自己的能力，凭个人绩效拿到自己的年终奖，就得三年时间。此时一个员工才算在华为正式落地生根。

若在导师带领期，员工与导师关系不融洽，或是很难适应部门的工作节奏，那么在这个时期过后，一些人便会选择带着在华为所学的技能另谋高就。这个分水岭便是华为所谓的"三年之痒"。不过，度过了"三年之痒"，也不意味着今后就一路畅通了。准确地说，作为华为人真正严峻的考验才刚刚开始。

很多时候，在华为工作就像是经历一次次的"渡劫飞升"。每修炼一段时间，便会降下一道"天劫"，拷问人的内心。熬得过便境界飞升，事业更上一层楼，进入一段事业相对平衡稳定时期，熬不过则在华为的职业生涯到此为止。至于这道"天劫"何时何地会用什么方式降下来，根据每个人的情况不同也会有所差异。一般来说，除了"三年之痒"，还有所谓的"八年之痒"和"十二年之痒"几道关等在老员工们的华为之路上。能留下来的人不管自身性格如何，也不管是成为管理者、专家还是普通员工，都绝对是习惯了惊涛骇浪的老水手，与华为这艘历经磨难却依然顽强航行的舰艇培养出了某种同呼吸共命运的感情，在激烈震荡的节奏中，找到了某种惬意的姿态，达到了身心平衡。本章接下来，就讲讲华为的老员工是如何与磨难共舞的。

2.1 你今天耗散了吗

华为是个赚钱的好地方,这几乎是所有华为老员工的共识。不管这些老员工最终因何离开华为,在赚钱这件事情上都会给华为竖大拇指。尽管也会有其他许多大企业开出比华为高的工资,但要说到赚钱给人带来的"爽"感,恐怕国内真没什么公司能比得上华为。

在华为赚钱赚得"爽",体现在两个方面,一个是华为评价体系导向明确,权责清晰,过程透明公开,给员工提供了一个公平竞争、公正评价的工作环境,让员工工作起来很省心,自然赚钱赚得也很舒心。二是华为的薪酬激励机制,给员工提供了多种多样实现财富跨越式增长的路径。明规则多了,潜规则就少。老板舍得分钱,员工凭本事赚钱,每一分钱都赚在明面上,拿得理直气壮,花得大大方方,自然感觉诸事爽快。

许多华为社招员工在进入华为之前,有反复在国企、外企之间跳槽的经历,到了华为反而沉静下来,踏踏实实地一干七八年,甚至干到退休。究其原因,往往是因为他们对华为相对简单纯粹的工作氛围十分满意。

有位社招同事就对我说过,他在国企运营商待过,在友商也待过,在这些企业中工作,但凡想做出点成绩,总会很无奈地将精力耗在扯皮和无聊的重复性工作中。虽然这些地方的工作强度都没华为大,但心里却总觉得堵得慌,有种隐隐作痛的感觉。而在华为,每个人都满负荷运转,没太多时间去扯那些有的没的。虽然大家也会在工作中与同事争得面红耳赤,甚至拍桌子骂人,但都非必要不争吵,有矛盾也都摆在明面上摊开来说。大家虽然各自岗位 KPI 不同,但总体利益相互捆绑,因此吵到最后,都会为项目成功而相互妥协,达成共识。在这样的工作环境中,虽然有时人奇痛无比,可只要问题解决了,大家心里便都敞亮了。

当然,除了工作氛围的正向积极,华为利益分配做得好也让员工归属感大增。尽管华为一再向员工传递艰苦奋斗的精神理念，但这里强调的是精神上的艰苦奋斗，在物质上却总能给员工带来极大的满足。年终奖、研发突破奖、市场山头奖、战乱保障奖等各种物质奖励，还有战乱补贴、艰苦补助等各种与奋斗相关的补贴政策，就像超级玛丽游戏中的金币宝藏一样藏于沿途各处，只要你足够努力，即便是在同一职级内也可以实现财富的迅速增长。

比如一个客户线的应届新员工初始职级是13级。如果在国内工作，一般开始时只能拿到职级工资（一般是9000元）和很少的年终奖（大概两三万元），年收入大约是14万元。可如果是去海外艰苦地区，比如马里、乍得这些地方，首先会拿到公司给予的1万元安家费，然后每天的艰苦补助是45美元，这样每个月的收入就翻了一倍。

另外，海外年终奖比国内同等职级的年终奖普遍高出两倍。如果运气好，还能在项目中分得一些项目奖金。这样算下来，该13级员工年收入大约为30万元，是国内同等职级的两倍。

而这还仅仅是起点。如果是工作三年以上的老员工，在艰苦地区工作或从事攻坚项目，与同职级岗位的其他员工相比，不仅收入上能拉开三四倍的差距，就连职级调整的速度都快了一到两倍。

员工看到实实在在的差距，便拥有实实在在的奋斗动力。对面临各种经济压力的年轻人来说，华为无疑为大家描绘了一幅未来财富的光明前景。

正是因为华为将艰苦奋斗和财富增长进行如此深度的绑定，才让华为人工作时，特别能吃苦，特别能打仗。而艰苦奋斗的结果便是，很多人不用几年就可以实现财富自由，剩下来的时间完全可以选择不奋斗，或少奋斗。但有趣的是这种情况并没有出现，即便是那些年收入几百万元的华为老员工，依旧不会停下来，他们不仅铆着劲儿地跟年轻人一样拼项目，还比年轻人更不敢轻言跳槽，仿佛在华为越久，钱赚得越多，越觉得无法自由。这样一种工作越久奋斗越拼的工作状态是怎么做到的？

答案就是，华为在公司和员工间建立了一种耗散结构模式。在公司层面，靠开放积极地寻求外部合作，不断促进内部管理优化和人员流动，以此减少惰怠，激活队伍；在员工层面，合理调动人类的逐利本能，让员工在各种激励中主动加入奋斗的行列，然后在奋斗后享受成功的快感。员工了解了成功与财富带来的满足感，便不会小富即安。

任正非曾解释过这种耗散结构。就像每天去锻炼身体，通过锻炼把摄入的能量耗散掉，转变为肌肉。能量耗散了，脂肪肝消了，不得糖尿病了，身材苗条有形了，就是最简单的耗散结构。如果说华为为员工提供获得成功与财富的环境和渠道是帮员工不断高效地获取能量，那么鼓励员工享受成功与财富就是耗散能量。华为懂得物质激励边际效益递减的道理，因此用各种办法鼓励员工耗散，华为的高薪高奖金的激励机制才能继续发挥它迷人的作用。

2.2 沟通也是战斗力

华为由一个"四大皆空"（无资本、无技术、无人才、无管理）的民营公司，发展成现在世界通信领域的龙头企业，其关键便在于，一批又一批华为员工的忘我奉献和艰苦奋斗。忘我奉献精神的养成，靠的不是强迫，而是员工的个人理解和认同。而沟通则是获得理解和认同的利器。既然顺畅的沟通和部门联动创造出了华为强悍的战斗力，那么沟通也成了华为员工的生存必备技能，决定了一个员工在华为能否走得长远。

华为虽然一直致力于用各种流程和规矩来减少公司内耗，拆除部门墙，创造一个相对简单、纯粹的工作环境，但一个不会沟通，只知道闷头干活的员工在华为也会很吃亏。这种重视沟通的氛围，可以说是任总为华为创造的宝贵无形资产。

在华为创立之初，任总就认清了自己在技术、管理、销售方面的能力局限,因此,特别重视礼贤下士、招揽人才。在公司的决策方面,任总从不搞单线条运作的一言堂,而是注重集思广益,让各路英雄畅所欲言,各抒己见。于是在项目决策会上,各个职能部门畅所欲言,甚至青筋暴起、唇枪舌剑的场景在华为司空见惯。

比如销售部门为了抢占市场,往往会倾向于夸大公司产品的性能,结果回头一看研发的产品还没完全研制成功,自然拼命踢研发的屁股,申斥研发无能。而研发部门则站在技术、产品功能实现和需求合理性的角度,大骂销售部门不懂产品,吹牛太过。有时销售只管签单,在回款周期和利润上却做得一塌糊涂,财务部门发现问题就是不给盖章通过,于是销售骂财务拖后腿,财务回击销售"管挖不管埋"。大家吵得一塌糊涂,甚至伤了兄弟和气,让任总拍板决策。任总也头大,索性让各相关部门各拉一条绳子,往不同方向拔河。最终圆心停在哪里,那个位置就是当前情况下各方面诉求均衡的最优解。这个方法看似笨拙、耗时,但不仅调动了公司各部门的积极性,为项目决策做出有益的贡献,还尽可能地规避了单一决策的片面性,让决策更科学合理。

华为的管理高层正是看到了这样的决策过程带来的利好,因此在后面进行管理优化和经验固化时,有意为华为设计了一套矩阵式的管理架构,将各个职能部门的权力、责任和KPI从一开始就设定成相互制约、相克相生的。比如销售部门的主要指标就是收入、现金流和利润,而财务部门需要关注成本,向产品部门要的是交期,采购部门的最高指示是原材料的性价比,而供应链的KPI则主要在运输周期和运输成本上。当项目来了,几个部门齐上阵时,每个职能部门都会为自己的最高原则而据理力争,最终再形成和解。

基于这样的顶层设计,沟通变成华为的日常工作中的大学问。不仅部门内有业务沟通,做项目有立项沟通、进展沟通,上下游业务中有流程对接沟通,海外和机关还有跨时区、跨片区的联席沟通,等等。而沟通的方式则有胶片、Espace、邮件、电话会议、视频会议等。什么样的情况下用什么样的沟通方式能达到最好的效果，什么是自己该强硬坚持的，什么是可以通融的，什么时候该骂娘，什么时候该收手，这里面的尺度拿捏都牵扯着个人 KPI 评价和个人发展空间。

不同岗位上老员工也会自动养成自己的一套沟通"易筋经"，让自己能经受得住最激烈的沟通较量。如果一个员工长时间无法接受华为这种激烈的沟通氛围，无法在各种沟通中修炼出行之有效的沟通方法，那么不仅会在华为职场上饱受"委屈"，自己的 KPI 也必然完成得难尽如人意。

在沟通中气势最盛、攻势最凌厉的，莫过于客户线。因为他们是直接面对客户的一帮人，同时也是直接为公司打粮食的人。客户那边出任何问题，他们也是首当其冲被客户责难的人。但面对客户有理无理的责难甚至辱骂时，客户经理打不还手，骂不还口，态度坚定却不屈不挠。即使被客户屡次三番地赶出办公室，他们也都会转一圈后找个理由，再进客户的办公室继续谈事。

客户经理在客户那里受了这么多磨难，回到公司自然会将这种压力向内层层传递。因此他们成了各种项目会和内部沟通中的"攻矛"，一个个开口便像小钢炮，火力十足。

与客户经理来势汹汹的沟通风格不同，处在财务、采购和法务这些岗位上的人，则往往"人狠话不多"。他们平时看着比较安静，对人态度都比较温和，但一开会讨论，任你拍桌子砸板凳，都会将自己的立场、原则和理论依据讲得铿锵有力，寸土必争，就像一颗煮不熟、锤不破的铜豌豆。因为公司赋予他们的使命就是"守盾"，他们需要尽一切力量严控合同质量，规避合同风险，防止合同中出现高风险条款，避免让公司在履行合同时陷入被动。

在华为进行海外扩张初期，由于经验不足和市场开拓心切，曾与一些海外客户签订了"不平等条约"。合同虽然签了，品牌也打出去了，但在交付回款方面却吃了不少暗亏。于是公司"吃一堑、长一智"，将这些糟糕的条款集中总结出来形成一个参照系，交予财务部门严格把关，防止客户经理为了完成销售和签单饥不择食地随意向客户许诺。

于是财务部门在沟通方面两个最大的法宝，也是最常用的沟通方式，一是当面算账、用数据说话，二是任何问题都用邮件和电子流来留存证据。财务拿出实打实的数据和以往累积的经验，一个项目能不能干，一个合同合不合适一目了然，客户经理气性再大、理由再多，也被说得没脾气。

如果明知有风险仍然要干，那么财务会让业务部门发起电子流，进行逐层审批。这些审批过程将会自动在华为的服务器中存档备案。对于电子流之外一些需要沟通的事，不管口头达成什么，最后财务都会以电子邮件的方式予以确认，并要求得到相关领导的明确邮件回复。当然，喜欢用邮件进行沟通和存底，并不只是财务为了确保安全的沟通法宝，也是每个华为人都必须习惯的沟通方式，只不过财务会在这方面更加小心谨慎。

同样喜欢用各种电子邮件进行沟通的还有 HR 和行政。财务喜欢用电子邮件，是因为要留存证据，而 HR 和行政部门发给其他部门的电子邮件则多半是为了"催作业"。

虽然在业务部门，业务主管是人力资源的第一责任人，但在公司强绩效导向的牵引下，人力资源的相关事务往往并非业务主管们主要关心的问题。再加上任总也一再强调要尽量减少人力资源管理对业务主管精力的牵扯，因此 HR 和行政部门一般不会用太多的电话会议或面对面沟通来占用业务主管们的主要工作时间。于是用发邮件的方式传达相关人力资源政策和让业务主管配合工作，便成了 HR 和行政部门的首选。这样主管们便会在自己方便的时候集中阅读相关内容。

为了让自己的邮件在主管和员工每天收到的上百封邮件中不被忽略，HR 和行政发邮件时往往会在"危言耸听"上下功夫。标题上往往会标出"重要通知"或是"重要紧急"的字样，并用中括号括起来，加两到三个感叹号，然后简明扼要地将主要事务写在标题上，让主管们从标题中便可看出需要开展的是哪方面的事务。随着一些事务的阶段性推进，标题中还会反映出不同的紧急程度，比如"倒计时3天""截止日提醒"等，造成一种越来越紧张的气氛。

打开邮件，里面的描述一定要重点突出，问题清晰，对需要反馈的信息和需要配合完成的事宜标红加粗放大字体，让人基本上瞟一眼就知道是要干什么。另外就是一定要附上表格模板，尽量让反馈者只需要傻瓜式填写即可。

我在招聘调配部工作时，就因邮件字数太多、段落太长而被领导批评过，说布置任务的邮件一段话不超过一行，每行都需要有重点，少用长句，少用连词，句子甚至都不需要语法完整，关键是要把需要干什么事突出出来，保证没有错别字、通顺就行。发邮件是为了解决问题。大家天天都那么忙，谁有功夫坐下来欣赏你的文采飞扬？

在发邮件时主送谁、抄送谁的顺序更是讲究。相关事务的第一责任人必须主送。因为主管每天收到的邮件数量繁多，若哪天只收到百八十封邮件都觉得不正常。于是乎，华为的邮件系统中，专门设置了一个筛选功能，可以优先看主送给自己的邮件，抄送给自己的邮件则有时间就看看，没时间就忽略了。

但在发邮件时抄送人往往也很重要，因为有时人们会根据抄送领导的分量来决定自己处理相关事务的轻重缓急。于是在选择抄送人时，往往需要选择一些有足够分量的领导，其实就是告诉那些被主送的人，领导们都看着呢，有那么点狐假虎威的意思，为的就是引起对方足够的重视，督促其尽早完成。

不过这是在下达任务催作业时的邮件写法。一旦开启一项工作，直到工作最终完成，过程中的追踪邮件至少十几二十封。相关责任人可以今天不看，明天不看，但绝不可能完全忽略。

在一项事务接近尾声，进行总结汇报时，邮件中抄送和主送则需要反过来，主送大领导，抄送相关责任人。让大领导们看到哪些地区完成得好，哪些落后了,这样反过来给那些没完成的人进行隐性的警告,他们再不反馈就是态度问题了。

这样软磨硬泡下,HR虽然没有业务部门的人那么强势,但也总可以达到既定目标。如果没有这样"绕指柔"的耐心和"绵里藏针"的功夫,HR想完成自己的KPI绝非易事。

但凡能在华为职场中长期生存下去的老员工,不管本身的性格是内向还是外向,都绝不会是"闷嘴葫芦"。在华为职场上,不懂沟通便很难达成目标,唯有懂得沟通,主动沟通,不惧怕沟通的人,才可以在华为干得长久。虽说会沟通不能等于真奋斗,但如果连沟通都不敢,如何证明你一直在积极奋斗呢?

2.3 一笑已看风云过

在华为工作,神经不能太敏感,因为华为的工作专克"玻璃心"。

记得我在新员工阶段第一次被领导骂哭时,我那个工号曾是382的导师就语重心长地说过:"在华为,你得学会把事和人分开,不要首先判断领导喜不喜欢你,而是看这件事你做得对不对。做得不对赶紧改正,做得对就要拿出理由说服别人。委屈是最无用的情绪。如果这点事都觉得委屈,受不了,那今后的折腾还多着呢!"

后来当我自己也成为老员工时,也深刻感觉到,要在华为长期生存下去,玻璃心绝对不行。因为在华为这个强调"奋斗文化"的工作场域里,绝不会允许一个员工总待在自己的舒适区里,一个人如果神经太过敏感,那么面对艰苦的工作环境和突如其来的打击时,就可能反应过度,甚至崩溃。因此,能坚持下来的老员工,必定像老水手一样练就了面对风雨的平常心。

这种平常心,既体现在对环境的随遇而安上,也体现在特别善于自我宽慰上。在华为工作就意味着选择了一种漂泊不定的生活。因为你真不知道两年后职业生涯的下一站是在深圳配备优良的实验室里搞研发，还是被派到百病丛生的地区进行技术支持；是到珠峰上测试基站，还是在欧洲古堡里和客户品着红酒聊下一代网络通信解决方案。而面对华为生涯中谁都逃不过的外派，你也不知道将去往的国家，迎接你的是意料之外的美食美景，还是埃博拉和AK47。面对这样无法确定的环境，若没有点随遇而安的精神，你该如何自处？

但在华为长期生存，也不能把自己的六感统统封闭起来，变得太麻木，甚至铁石心肠。因为华为的工作中本来硬性的东西就很多，工作压力又大，特别是在海外，遇到的环境虽然不至于刀耕火种、筚路蓝缕，但也当得起"清苦"二字。如果真成铁石心肠麻木不仁了，不能在凡世俗尘中找到一点乐趣自我减压、聊以自慰，这日子岂不苦上加苦？于是能在华为长期生存的老员工，往往都修炼得一副钻石心肝。心智坚硬却通透无比，有点光明便能折射出生活的斑斓色彩。哪怕是在前狼后虎的环境中，只要找到一滴蜜糖，也可以愉快地笑出声来。

《中庸》中说："君子素其位而行，不愿乎其外。素富贵，行乎富贵；素贫贱，行乎贫贱；素夷狄，行乎夷狄；素患难，行乎患难。君子无入而不自得焉。"这个特征用来形容华为的老员工实在是再贴切不过了。华为的老员工往往很善于苦中作乐，和自己所处的环境达成和解。

比如，要徒手爬到80米高的摇晃高塔上从事扫频工作，常人想想就觉得可怕，但有人却能随着塔顶摇晃的节奏，享受东南亚雨林的夕阳之美。又比如，在乍得，有段时间武装冲突频仍，办事处的玻璃上都留下了流弹穿透的痕迹。大家天天除了见客户、去机房，就只能回办事处营地窝着。穷极无聊，大家便在院子里追鸡，撵得鸡上窜下跳，以此缓解压力、锻炼身体。

除此之外，每年由研发部门的程序员们自发剪辑、制作、配音的《华为时代》微电影,更是将华为人这种苦中作乐的搞笑天赋和幽默的自我调侃精神发挥到极致。

对待艰苦奋斗,新员工表现的可能是初生牛犊不怕虎的无知无畏,而老员工则把那些旁人眼中所谓的"艰苦",都变成了"奋斗"的乐趣,将生活中的种种烦恼都当成难得的经历。"行到水穷处,坐看云起时",方能在艰苦奋斗中保持心态平衡。若做不到这一点,也就很难在华为继续工作下去。

华为老员工的这种特质,我在经历马里政变时,感受尤其明显。记得当初去马里时,那边的同事非常有信心地说,马里人民很温和,而且已经维持了超过70年的政治稳定,除了穷,一切都挺好。于是我没多想就去了。可谁能想到,稳定了这么久的马里竟突然政变了。当销售副代表回办公室跟我说这个事时,我还当他是开玩笑。因为当他跟我说这件事时口气很轻松。直到后来越来越多的员工回来说城里打枪了,我才确信这家伙没开玩笑。

接下来,代表处ST团队马上召开紧急会议,商量应对。虽说是紧急会议,但会上的气氛却并没有那么凝重,仿佛是增开了一次项目会议一样。当时马里代表处不少老员工都是在艰苦地区工作多年的,有的经历过利比亚战争,有的经历过伊拉克战争,因此对现状处置起来有条不紊,该和地区部沟通的沟通,该汇报的汇报,该做撤离方案收集人员信息的则收集信息。

老员工稳得住,经验不足的员工也马上镇定下来,每个人都牢牢钉在自己的岗位上,各司其职,合作无间,应对时艰。客户经理看到的是患难见真情,这个时候找客户沟通感情最有效果,只要你出现在客户面前,他便觉得你是兄弟。交付项目经理想到的是第一时间保障机房的安全,重新核定在建项目的进度,与客户沟通核准。财务想到的是银行渠道是否畅通,马里的国家税收政策是否会有改变,会不会影响工程回款。供应链想到的是那些堆在海关急待清关的货物还有多少,仓库是否安全。而行政主管想到的则是代表处的柴米油盐够不够用,代表处车辆能不能应对紧急撤离,汽油储备够不够，要多买多少只羊养在院子里才能保证代表处的食物供应。

华为从新员工入职开始，就对员工着力训练的成就客户、艰苦奋斗、团队合作等"作战素质"，在此时便显出了它强大的作用。战乱一来，不用提醒，代表处上上下下立刻自动动员起来。即便是听说马里机场通道被封了，也没人为如何撤离担忧。直到晚上忙完工作，许多兄弟才想起给父母打个电话，报个平安。没想到国内父母亲戚看到新闻报道早就急疯了，而我们却是最镇定的。

马里政变的那段时间，除了平常总是得在客户机房加班到很晚的兄弟减少了外出，大家生活如旧。在食堂吃饭时，大家讨论得最多的竟不是时局如何凶险，而是接下来的项目会遇到哪些困难，北部的站点还能不能去。偶尔也会问起公司是否该给马里发战争补助了。总之，大家竟都把撤离这个问题放到了脑后。每天晚餐过后，大家还常常携手在野趣盎然的尼日尔河边散步，边欣赏美丽的夕阳，边谈论马里的局势，盘点代表处的工作。

后来马里机场恢复运转，中国驻马里大使馆召集中资机构到大使馆开会，清点人员。结果发现，自从机场恢复运营，其他中资机构的人都撤了大半，只有华为的人一个都没撤。听到这种情况，当时大使便异常生气地质问我们的交付副代表，说华为的人为什么还不撤，这样太不安全了。结果这位交付副代表镇定自若地飘出一句话，让大使都没脾气。他说："华为的人撤了，整个马里都会断网，到时候你们所有人都打不成电话，发不了邮件，找谁去？"此话一出，大使也觉得这是个问题，只能说那先不撤吧，不过你们这么多人在这里太不安全，还是尽量精简一些的好。于是马里代表处这才动员一些来探亲的家属和本来就已准备离开的出差人员提前离开马里，而常驻员工都坚守在马里。

后来马里的秩序稍稍恢复正常，大使专门到马里代表处来慰问，感谢我们在马里政变期间在通信保障方面做出的贡献。可在大使通报严峻形势时，我却明显发现大家的关注点完全不在危险上，而是在马里政变后可能产生的通信网络建设需求上。大使走后，同事们更关心的是这次大使馆带来的慰问礼物到底是金六福还是五粮液，还和厨师商量看院子里的羊能不能杀一只，整顿烤全羊下酒。总之，竟没有一个人觉得自己刚刚与危险擦肩而过，关心的更多是手头的工作和当下的快乐。

后来我在海外遇到过许多老员工，几乎每个人都能说出一堆一路行来的沟沟坎坎。华为的奋斗不仅体现在不达目的誓不罢休的进取精神上，更体现在这种与风险共舞、与艰苦共舞的豁达积极上。历经枪林弹雨洗礼，还能留存下来的华为人，往往是性情豁达之人。他们大都从数次的历险中看透了人生，养成了笑看风云的幽默感，将海外的这些苦乐当作一辈子的荣耀。

若问他们为什么在最艰难、最危险的环境中还能笑得出来，他们的回答往往是，外部的环境就是这样，要么选择离开，要么选择留下。如果选择留下而不巧碰到这样糟糕的事情，要么选择崩溃，要么选择笑对。不论你是哭一天还是笑一天，这一天都会过去，所以为什么不笑着过一天呢？

> 除中央集权项目外,财务、供应链、HR 等都是为业务服务,并对执行进行监督的组织,并非权力中心。
>
> ——《任正非:在泛网络区域组织变革优化总结与规划的讲话》,(总裁办电邮文号[2017]030号)

第 3 章　HRBP:业务过硬才能成为金牌配角

3.1　最牛的人力资源管理,最谦逊的 HR

毋庸置疑,华为的人力资源管理很牛。华为的人力资源管理不仅融合了西方名企人力资源管理经验的精华,而且在实践落地方面也做到了因地制宜,实事求是。能让几万名员工嗷嗷叫地往前冲,不断创造辉煌业绩,本身就证明了华为这套人力资源管理体系的先进性。但如果因为华为的人力资源管理很牛,就觉得在华为做 HR 是件很有前途、很风光的事,那就显然太不了解华为这个企业对"以客户为中心，以奋斗者为本"的执着到了何种程度。

在华为，离客户越近，越直接地为公司创造价值，机会就越多，前途就越被看好。按这样的标准排序，在华为机会最多、前途最好的岗位首在销服，次在研发。因为销服人员站在面对客户的第一线，他们是直接为华为赚今天的口粮的人，研发则面向未来的客户、未来的市场，为华为赚的是明天的口粮。而人力资源管理的全部价值便在于服务好为公司打粮食的人，让他们多打粮食多种地，尽力维护好"以奋斗者为本"的企业生态。因此，虽然人力资源管理在华为很重要，但华为的HR地位却不高。因为HR的价值只有通过服务业务部门才能实现。不仅公司的管理层是华为HR服务的对象，而且公司里所有的业务骨干、普通员工都是华为HR服务的对象。

既然是服务者，那HR的使命就不再是管理。对于这一点，任总一向的态度都非常坚定明确，那就是HR要"以业务为中心，以结果为导向，贴近作战一线，使能业务发展"。这就注定了HR通常成为公司管理层和员工"炮轰"的对象。

为何被炮轰？因为传统的企业管理中，HR和财务往往因手上掌握了人、财两方面资源调动的命脉而成为企业和单位中的权力机构层。这两个体系的人往往科班出身的居多，有专业优越感，对公司业务却不甚了解。而业务人员虽然讨厌与HR和财务打交道，觉得他们不仅死板教条，还颐指气使，但由于需要仰仗他们手中的笔来获得自己所需的资源，因此不得不迎合讨好HR和财务。HR和财务岗位在企业中的优越感由此而来。

但在华为"以客户为中心，以奋斗者为本"的核心价值观下，这种优越感一直是任正非警惕并着力消除的现象。既然华为人力资源管理的核心是"以奋斗者为本"，帮企业员工成为奋斗者，并让奋斗者为企业创造更多的市场价值，那HR就得首先以身作则，用自己的服务证明价值与赢得尊重，而不能因手中掌握的资源成为与业务部门争利的人。只有HR摆正了自己的位置，更新了自己的服务理念，华为人力资源管理中，那些导向冲锋、导向一线、导向奋斗者的各项措施才能真正落到实处。

我有幸参与过为几次与任总的座谈会，发现但凡面对HR部门，任总从来都是不假辞色、言辞犀利的。这与他和业务部门员工座谈时那种张弛有度、有褒有贬的态度截然不同。

比如2009年，任总和时任董事长的孙亚芳与员工座谈，一上来就火药味十足。直接就拿他在一线听到的干部员工对培训压力太大、没有增值感的抱怨来质问培训中心的一众干部：培训中心到底是在给业务帮忙还是添乱？

在另外一次针对招聘调配的座谈中，任总直接出了一道考题，要求现场与会人员画出华为代表性产品的基本外形。但除了几个从一线调动回来担任主管的管理者能大概画出，大部分科班出身的HR都画不出来，任总便借此严肃批评HR不主动学习公司主航道业务，工作时间和业余时间也不下战场，用一点微末的人力资源专业理论就进行主观管控、行使权力，而不是提供服务。

为了打破HR在专业内的故步自封，逼着专业HR学习和了解公司业务，华为首先在人力资源管理的组织建设上进行了改革。华为的人力资源体系并不是按照传统的人力资源管理专业模块来进行划分的，而是基于支撑业务、为业务服务的目的，打破人力资源管理的传统格局，按其实际扮演的角色与功能进行组织安排的。在集团的人力资源管理委员会下，设有人力资源管理部、干部部和HR质量与运营部三个职能机构。人力资源管理部相当于人力资源共享中心，细化管理传统的人力资源的六大模块；干部部负责将总部人力资源政策和制度与不同部门的业务特点相结合，保证落地实施。在这三个职能机构之下，参照公司客户服务的"铁三角"战略队形，将HR队伍分成HRBP、HRCOE和HRSSC。

HRBP的角色相当于HR队伍中的客户经理。其工作目标是明确业务导向，聚焦业务战略，整合人力资源综合解决方案，为体系及片/地区的客户提供高价值的贴身服务。这就要求 HRBP 必须有很强的业务理解力和综合解决能力。其基本能力要求包括：在理解业务战略和要求的基础上，确认 HR 解决方案的初步需求；集成并验证 HRCOE 的技术输出，形成定制化的人力资源解决方案，并获得业务部门的认可；执行并管理业务领域对人才管理、人力规划、变革管理等方面的需求。也就是说，每个 HRBP 都成了一个人力资源总监的种子选手，他们不仅熟悉 HR 解决方案，还懂得如何为业务服务，而不是刻板教条地执行人力资源管理政策。

HRCOE（Human Resource Center of Expertise）相当于 HR 队伍中的技术专家。其工作目标是，确保本地的业务设计与全球目标相匹配，并参考全球领先实践标杆，提升竞争力。也就是说，作为 HRCOE，需要在自己所在的领域有足够的专业度，这种专业度不仅体现在了解人力资源管理的相关研究上，更体现在懂得基于公司人力资源管理导向，制订人力资源政策和管理需求，运用人力资源的业界最佳实践，建立适用于华为整体的人力资源管理模式、制度、流程、方法、工具等，给作为"客户经理"的 HRBP 提供专业咨询和技术支持上。

而 HRSSC（Human Resource Share Service Center）则是 HR 的平台保障部门，专门集中处理一些 HR 管理流程中的事务性和行政性工作。设置这样的平台不仅是为了帮助 HRBP 和 HRCOE 从烦琐的行政事务中解脱出来，聚焦于岗位主要职责的履行，更是为了给员工提供更加高效、优质、体验良好的人事服务。可以说，在华为办理诸如离职、薪酬、考勤、社保、户籍、档案签证等人事手续，会让人感觉十分方便轻松。员工都无须出公司大门，HRSSC 便帮其打理好了这些平时私人要跑断腿才能办好的人事事务。

比如办理签证，在华为，员工在世界各地的出差和调动频繁。如果靠当地 HR 来办理，不仅会增加各地 HR 的行政事务负担，更关键的是难以保证办事效率。这样势必会影响员工补充到位和项目人员集结的速度，不利于全球人才流动。但在华为，现在员工只要在网上发起一个办理签证电子流，根本无须自己出公司跑各个政府部门，便可通过在华为的HR综合服务大厅中提交相关资料拿到签证。若办理者是刚入职，户籍在公司的应届生，那么基本连材料都不需要提交，直接就可由公司统一调取存档材料进行办理，办理者在办好后去HR综合服务大厅领取就好。

任总说："办理签证的员工如同将走上战场的战士，送行的温暖是给士兵的勇气。我们的员工拿到签证后，一走就是千万里，不能一想到'娘家'都是怨恨，要让他们感到公司的温暖。"而在华为，HRSSC的服务也确实做到了这一点。

通过这种组织层对HR的传统角色进行的改革，其实已经让华为的HR比其他企业的HR更具有服务意识和服务精神。但这还不够，华为还对HR的晋升提出了十分严苛的要求，进一步促进HR与其他岗位员工交流互动，让专业HR彻底丢掉自己专业的傲慢，融入公司的主航道中。

华为从2008年为各产品线配置专职的BUHR（即华为HRBP的前身）开始，就摒弃了从现有HR队伍中抽调人员到一线的方式，而是直接从业务部门转一些经验丰富的管理者做HRBP。而且为了鼓励业务主管们接受HRBP这一角色，扫除业务主管对做HRBP的顾虑，华为不仅为其提供了各种人力资源的训战课程，比如人力资源战略（BLM项目）、教练式辅导等，还承诺他们，担任HRBP两年后可转回业务部门继续做业务，或者不脱离现有业务管理岗位，交叉到其他产品线和部门兼任HRBP。

这样一来，大量业务部门出身的主管进入HR领域，无疑对传统科班出身的HR形成了强有力的"鲶鱼效应"。对于这些业务主管来说，做HRBP可以让他们更加深入地了解公司的人力资源管理的科学模型，提升团队管理能力，是其走向高层的重要经验积累。但对于科班出身的HR来说，大量空投过来的业务主管成为其外部竞争者,使其面临的晋升竞争变得更为激烈。

在传统的 HR 部门中,由于大家都是管控者的角色,往往少不了内部的钩心斗角。现在有了来自外部的强劲竞争者,专业 HR 本身的内耗反倒少了。而且这些来自公司主航道业务的竞争者,自身天然带有的主航道业务优势也倒逼科班 HR 为了自身生存而拼命向主航道业务靠拢,并加紧学习自己本专业的内容,力争做 HR 领域中真正的专家,而非普通的事务性 HR。

如果把华为的人力资源管理当作一部电视剧来看,那么销服和研发人员是当之无愧的主角,他们一个决定着华为当下的生存,一个决定着华为未来的发展,多少风云人物、多少英雄故事都出自这两大体系。

而在华为,具体从事人力资源管理工作的 HR 则相当于剧务、角色导演、编辑、副导演这样的幕后工作者,为这场大戏的顺利拍摄和运行做服务。为主角们做好服务,为主角们搭建一个尽情发挥的舞台,便成了华为 HR 存在的全部意义和价值。

不过就像 TVB 剧中的金牌配角老戏骨一样,华为的 HR 尽管处在华为职位序列中的配角地位,但同样需要锻炼一身的本事。尤其是为业务部门提供贴身服务的 HRBP,游走在各种关系之间,最能体现这种金牌配角不同于传统 HR 的价值和意义。

3.2 与业务为伍——既服务业务,也监管业务

在组织运作和个人任职两方面的夹击下,华为的 HR 普遍呈现出了与许多企事业单位中的人事干部或人力资源管理者不一样的品质。

首先,华为的 HR 面对业务主管时总像对待客户一样,抱着无比谦卑和友好的态度。不管业务主管提出怎样的要求,怎样言辞犀利地炮轰 HR,华为的 HR 都能虚心接受质询,并积极运用人力资源管理的各项工具来为业务

部门提供切实可行的解决方案。不给业务部门设卡添乱，更不在业务中制造矛盾，切实地帮助业务部门解决项目交付中所遇到的人力资源矛盾，已成为华为 HR 的首要任务。

其次，华为的 HR 对待员工也更多从服务的角度出发，真正帮助员工在企业内成长，将华为"以奋斗者为本"的理念，通过自己的日常工作传递给员工，打理各种烦琐的人事事务，让员工尽量少地为诸如任职资格、薪酬、考核等琐事分心，聚焦工作本身。

最后，HR 在华为的各项人力资源政策和改革实施过程中，真正做到了"吃苦在前，享乐在后"。往往一项"动刀子""打板子"的人力资源改革措施执行下来，首先挨板子的就是 HR 本身。而对于诸如涨薪、晋级这样的好处，华为的 HR 往往都是最后受惠的群体，而且他们的升职升等也面临着比业务人员更严格的控制。

而处于被业务部门炮轰前沿的 HRBP，可以说是华为 HR 中最难的一群人。因为他们离业务部门最近，不仅直接面对来自业务部门主管、员工的各种各样的挑战和质疑，而且还常常得承接和推行各种公司人力资源管理委员会制订的新政策和新流程。需要从业务中来，又要到业务中去，还不能只是简单地做个公司政策的"二传手"，更需要有极强的责任意识。

人力资源客户端的落地执行者和人力资源最前端的客户需求收集和反馈者，这两重身份本就存在着许多工作上的矛盾，这就十分考验 HRBP 在面对业务部门时对原则性和灵活性的拿捏。他们既需要打破模块的界限，帮业务部门解决实际项目中人力资源不足的问题，同时还要保证在用工当地的政策法规框架内进行业务操作，寻求一个既符合政策法规框架又能够满足需求的平衡点。

我在出征去马里的路上时，人刚到北非地区部的埃及，便被马里素未谋面的交付副代表"追着打"，要求尽快解决马里的本地交付员工招聘的问题。

虽然在此之前，地区部做 HRCOE 的同事曾给我做了心理建设，说这位交付副代表是出了名的"刺头"，不好对付，但初次沟通时，我还是被一线主管这种凌厉的战斗风格和浓重的火药味打击得猝不及防。

当时马里代表处刚刚分立，业务量突然增长，交付压力大，虽然能从总部得到炮火支援，但出差支持毕竟是短期投入，从马里业务长期发展的角度来看，还是需要在当地建立起稳定的本地交付力量。另外，马里属于法语国家，但民间更通行当地的班巴拉语。中方外派人员往往在施工中存在语言障碍，只有本地交付人员可以成为沟通的桥梁，因此亟须补充本地员工。但从新成立的马里代表处的整体业务体量来看，又不能增加太多的人员编制预算。可是业务不等人，急红了眼的马里交付项目经理们便从项目工时费预算中直接拿钱，在马里当地私自招工来缓解马里交付的燃眉之急。

这样虽然解了工程交付的燃眉之急，但一系列人员管理的问题也随之而来。当时马里刚分立成代表处，一直都是业务主管直接管人，而由于一线业务主管普遍缺乏人力资源管理的相关理论工具和经验，一碰到这样激增的业务压力和人员管理压力，便根本顾不上梳理，结果导致马里的人员管理成为项目管理的瓶颈。

从项目工程费中，以报销的方式支付马里当地招聘员工的工资，本身就不符合公司项目费用管控要求。为此，北非地区部专门令行业线主管调任马里交付副代表，就是为了规范马里的项目管理。结果正应了"屁股决定脑袋"那句话，这位交付副代表做行业主管时，本不认同马里交付项目经理的做法，但在马里走马上任后，面对业务交付压力，也开始妥协。虽然找了一家当地的人力外包公司，将这些项目性临时招聘的本地员工都做外包处理，在项目管理合规性方面做到勉强合格，但本地员工用工风险却没有得到根本解决。

这些本地员工名义上属于外包公司，其实工资发放和人员招聘根本不经过外包公司，一直都由华为的交付经理们负责。这样一来，外包公司白拿了外包管理费，却没有承担起实际的用工风险。而华为的交付经理们却每个月都会被外包员工堵着要工资、差旅费、补助等，搞得交付经理们用于项目管理的精力被扯散。可由于缺乏薪酬管理相关经验，交付经理们费了九牛二虎之力，在薪酬方面依然漏洞百出。这些外包员工的工资发放时间时常不能保证，定价也十分随意，各种补助五花八门，搞得这些本地员工常常为了薪酬的事与交付经理们起争执。

更要命的是，马里曾是法属殖民地，当地实行的劳动法与法国一脉相承，针对劳工权益的各项规定繁多严格，对雇主的责任义务要求也与国内完全不同。虽然当时在马里代表处雇用了一位本地 HR 负责管理本地员工的合同和工资，但由于中方主管们和本地员工在思维方式和价值观上存在巨大的差异，导致中方主管和本地 HR 的沟通并不十分通畅，本地 HR 的正确意见也没有得到有效倾听，于是劳动法规风险也在不断积累。

马里当地的业务主管不是不知道这些用工问题，但在业务压力下，他们也无暇顾及这些。再加上当时代表处的这些用工问题涉及招聘、外包、薪酬、员工关系等多个方面，在地区部和公司层面分属不同的 HRCOE 管理，业务主管一下直接面对这么多地区部 HR 部门提出的整合解决方案，无疑头疼不已。这时，配置一个专职的 HRBP 就势在必行了。

现实中的工程问题，加上本就积怨已久、争执不下的本地人员外包问题，让我从一到马里就感受到了业务部门对 HRBP 的渴望与敌意。渴望是因为他们已经被各种人员问题整得五劳七伤，急需一个人力资源管理的内行人帮他们分担人员管理的压力。而敌意则是因为在以往与地区部 HR 的沟通中，对方给他们留下的印象是喜欢派任务、卡编制，或从风控的角度说，他们对外包人员的管理是多么不合规，却不能体谅他们在业务增长中遇到的实际困难。由于缺乏对马里当地用工环境的了解，HR 也往往只重管控，而无法给予一个综合解决办法。因此才出现我刚到地区部就被代表处业务主管"追着打"的情况。面对这种人力资源管理与业务实际之间的裂隙,作为 HRBP,我做了三方面努力。

首先,见缝插针地与交付相关业务主管展开各种形式的交流,拉近与业务主管之间的关系,比如利用吃饭时间或是晚间小酌的时间交流,以了解项目交付的进展和人力缺口为目的,帮他们梳理人员管理规范,而不是一味限制其用人。当业务主管体会到 HRBP 是来帮他们解决问题、为他们服务的,而不是来给他们找麻烦的,他们也就会对 HRBP 的工作主动配合了。

其次,积极地与本地 HR 展开合作,倾听本地 HR 的意见和建议,带动本地 HR 的工作积极性,率先在跨文化沟通方面做出表率。在本地 HR 的引荐下,我不仅拜访了当地相关劳动法规监管部门,了解和学习马里当地劳动法规,还与当地律师展开合作,讨论修订本地员工的用工合同,规避劳动法风险。同时积极与本地外包公司重新进行服务洽谈,寻求从根本上解决外包人员用工风险的做法。我还对接外包公司相关管理人员,展开薪酬、绩效方面的拉通合作,让外包公司的人员管理与华为的内部规定保持一致。

最后,积极地加紧与地区部 HRCOE 的合作,对相关人力外包案例进行学习和分析,针对流程规范性进行求助和咨询,讨论各种解决方案的内外部可行性,以解决马里的交付用工矛盾,找出切实可行的综合性人力资源解决方案。

经过一年的努力,马里的本地用工情况总算得到了彻底改善,业务主管感受到了 HRBP 的服务带来的舒适感。业务主管依然对人员的任免有决定权,但不管是招聘入职、合同签署还是辞退,都由外包公司进行统一管理,手续和程序上都严格按照当地劳动法规的要求操作,这样一来,虽然没有之前用工那么随心所欲,但少了许多内外部的用工风险和管理事务,业务主管也愿意配合。

更重要的是,我们和本地外包公司达成了统一的薪酬框架,规范了针对马里本地员工的薪酬定价、出差补助等各方面的规定，再也没出现本地员工围着业务主管讨论加薪要补助的事，而业务主管也不用为薪酬不合理和补助不公平问题烦恼，能更好地专心于交付业务。同时因为有了明确的外包员工薪酬规定，也便于代表处 AT 成员对项目中的外包费用进行监管，降低了项目成本。

经此一战，业务主管们纷纷将 HRBP 当作自己人，愿意将一些涉及人员方面的业务问题拿出来与我共同探讨，也充分相信 HRBP 能给代表处业务带来实际的支撑，彻底改变了之前一线业务人员对 HR 的刻板印象。

尽管 HRBP 提供的服务普惠了代表处许多项目，支撑着整个代表处各部门的人员调配，但 HRBP 却鲜少被列入项目奖金分配名单。因为 HRBP 为业务提供服务是分内之事，且其绩效中有 30% 与部门整体绩效绑定，他们不是代表处 AT 会议负责人，是作为分奖金的人而存在的。根据罗尔斯的《正义论》中的观点，只有让资源分配者不参与利益分成，才能最大限度地保证分配公平。因此 HRBP 不占有项目奖金，反倒促使 HRBP 在处理项目奖时，做到公平合理。这或许就是华为设置 HRBP 的意义所在。

3.3　与员工为伍——既是管家，也是班主任

许多离开华为的员工到了别的企业总会感慨，之前在华为时，总把 HR 戏称为"坏人"，因为感觉平时没事时用不到 HR，当 HR 来找便一定是出了什么事，这些事通常并不令人开心。但离开华为后才发现，华为的 HR 真不是坏人。华为的 HR 天天追着员工搞任职，搞培训，做个人 PBC，做组织气氛测评、压力测试等，不仅不是给员工找麻烦，反倒是真心在帮员工适应公司文化，从而为员工在华为谋求更好的发展。

华为的 HRBP 作为最贴近一线员工和主管的人力资源管理执行人，很多

时候需要充当公司、主管和员工之间的润滑剂。比如，公司层面的规章制度往往是从整体战略出发，对员工的能力和贡献价值提出的要求和规定，有时会表现得比较强硬甚至不近人情。这时，HRBP不仅要准确地理解和解读公司的各项人力资源政策的原则和适用边界，还要选择合适的方式进行传达。虽说"良药苦口利于病"，但太苦的东西往往会引起人们天然的抵制和反感，而HRBP要做的就是将苦药和蜜裹糖，使其更容易为人所接受，尽可能地减小员工对公司人力资源政策的抵制。

比如我在前一章说到过，员工任职资格制度的逐步推广和落实就是华为在建立公司人才储备和员工双通道发展机制方面的关键举措。对员工进行任职资格评估，不仅是公司选拔人才、进行人才储备的重要参考，也是员工上岗的前提。而员工有了任职资格，既代表着公司对员工的能力和贡献的认可，让员工从工作中获取成就感，还能让员工以任职资格为标杆，树立前进的方向，不断修炼和提升自己。但在实际推行中，并非所有员工都从一开始就意识到了任职资格对自己在华为职业发展的重要性。尤其是常年在海外一线打拼的业务主管和员工，开始时并不十分明白公司出台任职资格制度的良苦用心。

虽然在公司层面，华为与许多世界知名的管理咨询公司合作，吸取了西方许多优秀的管理经验，但在人力资源管理制度的核心理念上，华为依然秉持着从开创以来一贯主张的"以客户为中心，以奋斗者为本"的原则。因此，在推进诸项人力资源管理改革时，并不是所有改革措施都以统一速度在推行。

比如，在海外一线，关于绩效考核、项目考核和与此紧密相关的激励机制的推行，便远早于员工任职资格的推行。要让海外一线多打粮食，立竿见影的激励方式便是各种项目奖和业绩奖。不仅如此，海外一线员工除了能从业务目标的完成中获得巨大的收益，还能获得比在二线平台和机关、研发等部门的工作人员更快的职级晋升。

但这样野蛮生长起来的一线员工和干部往往由于冲得太快，专业能力和管理能力还没能完全跟上就已被提升到了较高位置,这便很容易进入彼得原理描述的困境,即"每个职工趋向于上升到他所不能胜任的地位"。为了帮助员工突破彼得原理的困境,华为开始进行任职资格的改革,鼓励员工不断提高其职位胜任能力,不断牵引员工终身学习,树立自主学习的积极态度,从而让其实际能力跟得上不断升级的职位要求。

但由于之前对一线人员的任职资格没有做过多的要求,大家都习惯于将职级晋升当成对自己业绩考核的一种嘉奖。特别是在一些地区部整体业绩不好但代表处却业绩突出的地方,由于整体奖金包受影响无法完全满足员工的期望,便往往会在晋等晋级方面给予这部分员工优先权,以此来弥补奖金激励不足的缺憾。因此,刚开始严格推行员工任职资格和晋等晋级强相关的做法时,许多长期奋战在一线的员工便有颇多怨言。在他们看来,公司对任职资格的要求,无疑是为其职位晋升多加了一道关卡,夺走了他们本来可以得到的晋升机会。

我在塞内加尔代表处做 HRBP 时便遇到过这样一位老员工。作为从塞内加尔代表处成长起来的交付项目经理,他当时已经在塞内加尔代表处干了 7 年之久,辗转过代表处所辖的多个国家,可以说没有功劳也有苦劳,没有苦劳也有辛劳。当时正值塞内加尔的交付副代表即将调往别处,按工作表现和职级,他将顺理成章地接任交付副代表,却没想到,这个任命卡在了任职资格上。

当时我刚到塞内加尔,在一次周末聚餐时便听他感怀了一番。他觉得自己工作这么多年,职级也够了,工作业绩也不错,凭啥就因一个任职资格就不给任命了呢?于是我回办公室后翻看了之前他的任职资格和晋等晋级记录,发现这些年他在海外虽然职级是按照一年 2~3 等的速度晋升,但任职资格停留在他被任命为交付项目经理时的专业技术类任职三级上。虽然在项目经理的任职资格对应上实行的是宽对应,但他当时的职级也早就超过了其已有任职资格对应的职级范畴。而交付副代表作为代表处的 AT 团队成员,不同于一般的项目经理，属于中层管理者，需要承担更多的组织管理责任，因此，按公司要求，他需要具备管理类四级任职水平才能获得任命。

而他由于长期在代表处工作，已经对代表处业务相当稔熟，进入了工作上的舒适区，因此让他接受任职培训，他会觉得既麻烦又没必要。但凡项目一忙，便把任职资格认证的事一推再推。再加上在基层管理者层面，管理者任职资格主要看的还是专业技术任职资格，专业技术任职资格达到了，只简单做一个PM（Project Manager，项目经理）的转身项目就得到了任命，因此造成他误以为专业技术任职资格和管理者任职资格之间可以自动转化。殊不知，在中层管理者这个层级，单纯的专业技术任职资格已不再适用，必须通过更多管理者的相关训练，才能真正达到交付副代表的职位要求。

针对他的情况，我一方面帮其了解管理者任职资格四级的相关标准，另一方面对照其中要求，帮其从地区部和代表处两个层面，收集整理相关任职资格材料，梳理出他已具备和还需完成的任职项目，然后找了个周末时间，在塞内加尔海边的排挡里一边吃着海鲜，一边给他详述任职资格每条标准的意义，让他明白任职资格的要求其实是为了让他更好地胜任交付副代表的管理职能，拥有更大的晋升空间，而非故意为难他。

通过我的介绍，这名主管虽然在态度上有所缓和，但也表示业务确实太忙，任职资格认证的准备又比较多，可能无法在短时间内完成。于是我便将为他整理的相关资料拿出来，与他一一梳理确认，让他明白其实他现在缺的东西并不多，只要集中精力完成剩下的东西，马上便可进行任职资格答辩。任职资格答辩也可以由我来负责为他联系牵头，相关文档工作我可以帮他完成。总之尽量为他节省不必要的流程运行时间，让他能聚焦于增值价值最大的学习与提升。看到我这么有诚意，这位主管便不再抵触任职资格认证，三个月的时间便完成了管理者任职资格四级的答辩，半年后如愿以偿地获得了晋升。

经此一役后，这位主管不仅意识到了任职资格给自己带来的好处，还常常帮我在代表处全体交付人员中推动任职资格认证工作，与我达成了良好的工作互动。之后我再找他商讨一些人力资源相关问题，也都能达到良好的沟通效果，因为他相信 HRBP 是真的在为员工着想，而不仅仅是一个公司派来的监工。

在华为，不仅市场一线的 HRBP 是这样，在公司研发体系中的 HRBP 更是以提供"保姆式服务"著称，为的就是尽量帮技术人员减少来自薪酬、绩效、员工关系各方面的干扰，保证价值分配的公平公正，让技术人员可以沉浸在自己的专业领域内不断突破。而这些 HRBP 在华为又是如此寻常，如同静水潜流，以至于许多人在华为时没什么感觉，离开华为后突然感到处处不便，才发现华为的 HR 真的是"好人"。能将 HR 工作深入细致地做到这个程度，叫人离开了还分外想念的公司十分难得。

3.4 与管理者为伍——既是助手，也是指导员

华为能在 30 多年的时间里，从一家无技术、无管理的小公司，成长为世界通信行业的龙头企业，这其中大半功劳来自华为人艰苦奋斗、敢想敢拼的战斗精神。但狼性也是把双刃剑。在强手如云的生存竞争中，野蛮豪横、永不言败的精神可以让公司突出重围，杀出一条血路，达到胜利的彼岸，但企业冲破大气层，走向国际化，吸纳更多不同文化背景的人才加入时，这种野蛮生长积累下的副作用也开始成为公司进化的阻碍。

任正非曾描述道，华为人"是一群从青纱帐里出来的土八路，还习惯于埋个地雷，端个炮楼的工作方式，不习惯于职业化、表格化、模板化、规范化的管理"。因此华为在虚心学习西方优秀管理经验的同时，也开始了提升管理者自身素质的漫漫长路。

曾几何时，华为的干部们也像《亮剑》中的李云龙一样，张口就骂人，

开会就吵架，在进行员工沟通时也往往简单粗暴，好像不这样凶悍地说话便不足以证明自己是最富进取心的主管，就不能显示坚决完成任务的执行力。这种风气的源头不是别人，正是任总自己。

正是华为野蛮生长时期老板训人的凶悍，影响了一代华为高层管理者的管理风格。管理者以这样的风格管理部门，等他们的下属一点点成长起来，到了主管这个位置，便自然而然地延续自己已经十分熟悉的管理风格。这样上行下效，"骂街文化"蔚然成风。

随着华为逐渐做大，任总也年龄渐长，他虽然脾气性格依旧，但越来越有长者之风。尽管他批评起人依然尖锐，在表达上却已文明了不少，但公司里的年轻干部中，这种"一唬二凶三骂人"的风气依然很盛。毕竟业务压力在那儿摆着，业务主管们人人头上都悬着把利剑，心理压力大，说话做事难免急躁，缺少耐心。

尽管华为历年来不断发文，要求业务主管们改变这种领导作风，但越靠近一线，离公司机关越远，业务压力越大，这样的纠错效果越不好。这时，作为同在一线贴身服务的 HRBP，就需要承担起业务主管和员工之间润滑剂的作用。

一方面，HRBP 要当好业务主管在人力资源管理方面的助手，通过对业务战略的理解，帮助业务主管制订与业务战略匹配的人力资源战略，并在组织能力建设、文化氛围营造、员工关系维护等多个方面，支持业务战略的实施。另一方面，HRBP 在一线组织中也要承担起"大坝"的作用。既需要帮助业务主管捕捉影响组织气氛的员工动态，给业务主管提出合理化的改进建议，帮助业务主管们有效地管理员工关系，提升员工的敬业度，并保证公司合法合规地用工，提高组织的整体运作效率，也需要对一线干部的管理行为和工作作风进行及时反馈和监察，帮助业务主管发现自身存在的管理问题，营造和谐积极的组织氛围和工作环境。

我在塞内加尔时，就曾经历过一次本地员工对中方主管的集体对抗事件。事情的直接原因虽然是本地员工对工时和加班费的计算与主管的计算有差异，但实际上却是长期以来中方主管与本地员工沟通不畅导致的情绪积压和问题积累造成的。

这种沟通不畅首先因语言障碍而来。由于塞内加尔的官方语言为法语，而中方常驻人员中除了客户经理专门招的是法语专业毕业生，其他岗位的中方员工都不会说法语，因此在代表处内部只能采用折中方案，将英语定为工作用语。可无论对于中方主管还是本地员工，英语都是其第二语言，进行一般的工作交流还马马虎虎，可是面对稍微复杂一些的沟通就捉襟见肘了。本地员工说英语口音重，中方主管说英语单词量少，于是乎相互沟通便成了连猜带蒙。

即便是碰见个把英语水平较好的主管，依然会因文化价值观差异和思维方式不同让沟通成为鸡同鸭讲。我就曾旁听过一个主管与其本地下属沟通奖金的过程，看似在沟通一件事，其实两个人说话的思维模式却完全不在一个频道上。主管强调的是项目目标的达成和组织绩效对奖金的影响，本地员工所期望的却是对个人贡献和付出的肯定。最终主管觉得自己该说的说完了，英语表达已近词穷，便直接拍拍对方的肩把人打发走了。本地员工虽没有表示出极强的不满，但也是一脸无奈，悻悻而去。

造成这种情况的根本原因，与海外华为人长期形成的生活习惯有关。本来华为员工就喜欢抱团，到了海外，尤其是海外艰苦地区，更是长期生活在由宿舍、食堂和办公室所构成的生活空间里，过着半封闭的集体生活，因此对当地人的接触和了解基本停留在一个较肤浅的层面。代表处绝大部分时间以中方员工为主导，大家有同样的文化背景，又受到华为统一的价值观熏陶，在内部达成了许多默契，自然也就很难意识到自己与本地员工沟通中到底存在哪些问题。当本地员工提出自己的意见或对一件事不理解时，海外的华为中方主管往往无法自觉意识到问题背后深层次的文化心理。因此，沟通效率低、效果差也就不足为怪了。那次导致本地员工集体对抗的工时计算问题便是因这种沟通不畅而引发的。

在交付项目管理中，为了更好地评价项目中的人员效率，华为要求所有项目人员每周申报自己的项目工时。这本是单纯为了让项目管理更加精细化、科学化，以为今后的项目提供更为合理的人力基线预估而采取的管理措施，但由于中方主管在要求本地员工填报工时时，表达上比较简单，没有向本地员工解释清楚申报的项目工时和普通工作时间之间的差别和应用范围，导致本地员工误会公司想借此克扣其加班费，并以公司违反塞内加尔劳动法规的名义投诉到当地的劳动部门。当地劳动部门找上门时，代表处的主管们开始真的被整得莫名其妙，不理解为何这样一个正常的工时申报竟会遭到本地员工如此激烈的抗议。

比语言表达造成误解更深的，还有对待管理决策的思维方式。中国人受到集体主义文化传统的熏陶，对于自上而下的行政命令，只要能给出符合公共利益的权威解释，往往会表现出较强的服从性和执行力。而塞内加尔人更追求个性表达和对决策过程的参与度。所以对待公司下发的新政策，中塞两国员工的反应和感受截然不同。

从入职开始，中方员工一直被华为的奋斗者文化所熏陶，对公司的各项制度改革早已习以为常。一个新政策下来，大家想的都是怎样尽快执行下去，输出符合规范要求的交付件。即便有些不理解之处，也会本着"理解也执行，不理解也执行"的态度去调试自己，先接纳，然后再通过过程中的问题反馈不断让自己的意见得以体现。

而塞内加尔员工则认为，一项政策既然和他们的利益相关，那就应该在制订过程中征求他们的意见和建议。等他们的意见和建议得到充分表达后，形成的决议才是可接受的。而他们一旦接受一个新规，便会将其视为一种承诺和契约，要求自己不折不扣地执行。

因此当新管理政策下达时，中方主管找员工谈话，想的是告知和解释，而本地员工却往往以为这是在与他们进行商量与谈判，因此会对新政策提出各种质疑和反对意见。当他们发现，这个新规只是一个自上而下的行政命令时，不管其能否给他们带来好处，他们都会对自己被排除在公司管理决策之外感到气愤，感觉自己的选择权和参与权被剥夺了。

正由于这些之前这些摩擦的不断积累，工时申报便成了一个矛盾爆发点。在中方主管和员工看来，这不过是又一个加强流程管控的措施，而对塞内加尔本地员工而言，这便是在强制他们延长自己的实际工作时间，因此对工时判定十分较真。

了解到矛盾的焦点，我首先积极地与本地 HR 一起走访当地劳动部门，详细了解当地劳动法对于工作时间和休假的相关规定，并在不违反公司大原则的基础上，针对塞内加尔的实际情况，对考勤、工时的定义和申报做了本地化修订，并将新规定向地区部申报备案，说明调整的依据和情况。之后，我开设 HRBP 开放日和主管开放日，让本地员工的意见有个第三方的日常反馈渠道，并定期将问题向相关主管进行反馈。在主管开放日帮主管们组织和本地员工的联谊活动，在较为轻松的环境中，加强主管对本地员工思维方式和行为方式的理解。下一步，我和本地 HR 一起摘取和翻译当地劳动法中涉及员工管理的内容，制作成问答手册，并在其中加入对本地员工宗教、生活、文化习俗等多方面的实用介绍，发给中方主管作为管理参考。同时针对他们在与本地员工的沟通中容易出现的问题制订沟通 SOP（Standard Operating Procedure，标准作业程序），并通过培训帮助他们更好地了解当地人的思维方式和价值取向。最后，我参与到主管和员工的重要沟通中，做好记录，帮主管及时发现沟通中存在的问题和对本地员工的误解。

在这样的努力下，本地员工的情绪得到了安抚，意见得到了尊重，他们看到了公司管理层的诚意。同时中方主管意识到文化冲突是因自身思维模式的封闭造成的,之后他们以一种更加开放的心态对待本地员工,辨别其正常诉求和合理建议。这样不仅增强了工作中的协同度,还在不同文化背景的员工中建立起一种跨文化交流的沟通渠道,让整体工作氛围朝着良好的方向发展。

3.5 与 HRCOE 为伍——既是同行,也是博弈对象

HRBP 和 HRCOE 虽然同属华为的 HR 序列,但由于分工和定位不同,在具体工作中往往存在大量的博弈。

一线的 HRBP,既是客户经理队伍中的 HR,也是 HR 队伍中的客户经理。对于 HRBP 来说,虽然自己是业务部门中人力资源管理的执行人,但实际上自己的绩效、奖金甚至升职加薪都与自己所服务的业务部门绩效绑定在一起,这使得 HRBP 在进行人力资源管理时,更多考虑的是本部门的利益,在执行公司相关人力资源政策时,也会对具体的落实方式做出判断和调整。

而 HRCOE 是人力资源管理的行业专家,与其工作绩效挂钩的是其制订的相关政策和改革措施的质量。他们的根本利益在于人力资源政策的执行情况和落实的效果,他们要为公司的整体绩效负责。

这样一来,两类 HR 由于利益点和考核点不同,往往会在工作中产生交锋和碰撞。

比如说,HRCOE 要制订公司的人力资源管理相关政策,推行管理改革,除了学习和借鉴业界先进经验和理论,同时也需要收集、整理和分析大量一线资料和数据。在没有 HRBP 时,这些烦琐的数据收集和反馈配合工作,往往落在了业务主管身上。虽然很多时候 HRCOE 都会做好表格和反馈模板,尽量减少反馈工作量,使输出方式得以统一,但今天一个表格,明天一个模板,积累起来也相当庞杂,无疑给一线业务主管造成了许多额外负担,不利

于业务主管聚焦业务，全力冲锋。有了 HRBP 后，很大程度上为业务主管减轻了庞杂的人力资源数据收集和反馈工作。即便缺一些数据，业务主管们也只需要将原始数据反馈给 HRBP，或者 HRBP 将自己收集整理的数据给业务主管过目确认便可完成。这样一来便大大减轻了这些工作对业务主管的干扰。

但业务主管压力小了，HRBP 的任务却并不轻松。一线 HRBP 每天和业务部门滚在一起，集人力资源管理各模块工作于一身，本就有应付不完的业务需求、忙不完的 HR 日常事务。这时还被各模块 HRCOE 们每天花式"催作业"，而这些"作业"本身可能对 HRBP 并无裨益，又十分占用时间，因此 HRBP 在应付差事方面，势必会根据自己的利益做出轻重缓急的取舍。

而对于 HRCOE 来说，自己需要的数据和信息关系着接下来的工作进程，或者某个政策的汇报时间，因此他们都希望一线 HRBP 第一时间反馈自己希望得到的数据，以便进行下一步的政策梳理。在这种情况下，HRCOE 和 HRBP 之间便时常会出现内部拉锯。

HRCOE 往往在下达任务时会打好时间提前量，用红字加粗的方式在邮件中标出最后期限，然后从最后期限的前一周开始，一天一封邮件地列出各部门和地区的反馈进度和完成情况，到最后三天便开始对未交作业的区域打电话催促。到了最后期限那天简直就是"连环夺命 Call"。对方实在没办法完成便重新发邮件，提醒最后延期时间。然后每天打电话轮番催促。不过由于每次都留出了时间提前量，即便拖几天，也基本能在预计时间内完成相关数据和信息的反馈工作。

HRBP 往往对 HRCOE 的"催作业"套路心知肚明。若是手头事情时间尚宽裕，基本能在第一轮"催作业"时踏着点完成。若是手头有多个事并行，那就各凭自己判断的轻重缓急排序完成。

我刚到海外时，不懂个中门道，常常被各位 HRCOE 催作业催得焦头烂额，似乎每个人都说自己的工作很重要很着急。后来岗位导师教给我的一个诀窍，说别管他们催得有多急，工作做与不做、什么时候做，选择权其实在你自己手中，对轻重缓急的判断完全取决于你对业务部门价值增值的判断。

在他的建议下，我每天设立一个目标，一天只选三件最紧急、最重要的事完成，不紧急、不重要的就往后排。不管 HRCOE 如何着急，在催作业时绝对是打好了时间余量的，只要最终交了就行。要是实在被催烦了，就说电话信号不好，听不清，挂电话。反正海外大部分地区确实存在电话网络质量不好的问题。

又比如说，在公司相关人力资源管理政策的制订和实施上，HRCOE 主要负责政策的制订与制度设计，而 HRBP 则负责具体的落地和效果反馈。二者本应是上下流程、协同合作的关系。但实际上，可能所有 HRCOE 制订的相关行业政策在推行中，遇到的第一个障碍恰恰就是具体执行的 HRBP。

HRBP 作为 HR 中的客户经理，相当于业务部门在 HR 体系中的利益代表。由于长期与业务部门并肩战斗，HRBP 非常了解业务主管和员工会对各项人力资源政策有什么样的反应，因此当收到新政策时，会首先对发布政策的 HRCOE 提出各种质询。HRCOE 这时便会采取先礼后兵的方式，先对 HRBP 就政策必要性做出解释，然后强调说这是公司高层通过的决议，必须执行，有时还需要限期完成，不理解也得执行。而 HRBP 尽量借业务部门的反馈来推动 HRCOE 对政策方案进行属地化调整，以期为业务部门争取更多的权利，使政策更加容易被业务人员消化吸收。

从某种程度上讲，这种 HR 不同角色之间的激烈博弈，也是华为在设计人力资源角色分工时希望达到的目的。只有 HR 内部不同角色进行激烈的碰撞，HR 人员才不会总是囿于自己专业的小圈子，制订出一些脱离业务实际的政策和管控措施。正是有了这样的人力资源体系的设计，才让华为的 HR 呈现出了与传统人事管理人员不一样的气象和工作态度，让人力资源管理与公司的主航道业务利出一孔，为业务服务，辅助冲锋。

> 学会"适者生存"的道理。适当的理解、相互的忍让,是必需的。"不舒适"是永恒的,"舒适"只是偶然。在不舒适的环境中学会生存,才能形成健全的人格。遇到困难和挫折,要从更宽、更广的范围来认识,塞翁失马焉知非福。
>
> ——《任正非与财经体系员工座谈纪要》(2011年)

第4章 外派:不可辜负的大好时光

4.1 我为什么要求外派

外派,对绝大多数华为人来说,都是职业生涯中一场命中注定的邂逅。

不可否认,对很多人来说,开启外派生涯有被"逼"的成分。

到外面看一圈就会知道,世界上欠发达地区很多。那里不仅基础设施差,物质生活条件恶劣,社会政治方面也十分不稳。缺水断电、打劫、瘟疫流行都是家常便饭,就连武装冲突、政变、内战这样在国内生活一辈子都难得一见的场景都不稀奇。即便是在公认为发达地区的欧洲和北美，生活也并不尽如人们想象的那般诗情画意。比如位于北欧的冰岛，看国内旅游宣传片，你会觉得那是一个美丽纯净、风景如画的人间天堂，但真在那里生活就会发现，真正迎接你的，是长年累月的凛冽寒风、蔬菜水果的短缺匮乏、极端不方便的公共交通和人口稀少带来的荒凉孤寂。

试想，若没有点外因"逼"着，谁会无缘无故放弃国内优越的物质条件和家人团聚的美好时光，选择去一个充满未知危险和生活不便的地区？那些勇闯非洲、奋战伊拉克、向福岛逆行的华为人，并非天不怕地不怕的傻子或疯子。在外派这件事情上，许多人都会面对 to be or not to be 这样哈姆雷特式的灵魂拷问，但最终大部分人都会在各种缘由下选择踏上外派的漫漫征程。

大部分人的外派是被项目"逼"的。从第一批华为人踏上海外征程到如今，华为在全球的辉煌战绩背后，是一批又一批的华为人筚路蓝缕、艰苦卓绝的奋斗。

从一开始，华为开展海外业务就是被在国内市场的挫败给"逼"的。当时由于对小灵通技术的市场应用方面判断失误，华为在国内通信市场中的份额遭到友商的严重挤压，公司首次出现业绩下滑。华为投入重金研究的 3G 技术，由于过于超前，在国内找不到商用市场，不得不把目光投向海外。因为当时海外的通信运营商的 3G 网络项目已经如火如荼地开展起来，华为的技术发展方向正符合海外市场的大潮流。

但当时华为作为一家在中国都还没有完全得到认可的民营企业，想敲开海外市场的大门又谈何容易？放眼世界，当时爱立信、西门子等西方通信巨头早已抢占了绝大部分市场，世界通信运营商也形成了大 T 俱乐部，对后来者设置了十分严苛的准入门槛。华为想要在巨人阴影下求发展，不得不采取"农村包围城市"的战略，从一些边缘市场做起，先与大 T 子网和一些小运营商取得合作，获得它们的信任。

与此同时，华为并没有放松对成为大 T 的尝试，不断朝着大 T 们设置的高门槛发起冲锋。在不断被嘲笑、不断被否认、不断被质疑的环境中，华为不断自我证明、不断自我突破、不断被重新认识，其中的艰难非常人所理解。

既然华为的生存机遇在海外，那么华为的员工就不得不奔赴海外开疆拓土。而海外市场环境严峻如斯，也就注定华为人不管被外派到何处，面对的都是一场艰苦卓绝的战斗。

记得华为大队培训中，有段时间会特别安排新员工晚上集体观看两部电影，一部是由李雪健、李幼斌主演的《横空出世》，一部是由汤姆·克鲁斯和妮可·基德曼主演的《大地雄心》。对于为何要看这两部电影，新员工往往难解其意，但在第一批奔赴海外拓展市场的华为元老们看来，这两部电影却是他们海外拓展时的历程映照。这两部电影中所反映的对美好未来的憧憬，神圣的使命感，在艰苦环境中不屈的挣扎与奋斗，为冲破障碍孤注一掷的决心，以及在与命运的抗争中所表现出的蛮横顽强，正是他们进行海外拓展时所经历的心路历程。

尽管他们未必会像影片中的拓荒者那样，面对极端恶劣的自然条件和物资短缺，但同样面对疫病、战争、飞机失事等生死考验，同样要在当地客户和民众的不信任、排斥和挑剔中站稳脚跟，证明自己，同样需要想方设法克服海外生活中的种种不便，同样需要在与友商的竞争中竭尽所能开拓市场。因此，这两部电影无疑能激发他们的强烈共鸣。

即便是在华为已经在世界通信行业中占据举足轻重地位的今天，外派生涯对所有海外工作的员工来说，仍是人生中最具挑战也最富激情的修行。正所谓"打江山难，守江山更难"，市场拓展此消彼长、不进则退，谁都不敢说可以凭借今天的优势，守住明天的市场。要得到客户持久的青睐和认可，就得不断满足客户需求，帮助客户解决痛点，稍有放松便会失去客户的信任。所以对华为来说，海外拓展打的并不是歼灭战，而是持久战。既然是持久战，那么一批又有一批的华为员工前赴后继地去海外一线驻守换防，也就成了华为员工绕不开的经历。

一开始许多人都不会想到自己的外派生涯有多长，也不曾想到那些一般人只在地图上见过的国家会出现在自己的生命中，更不知道自己外派生活的尽头会在何处。就像我的一位同事，开始不过是被派到北非地区部的叙利亚代表处出差。后来叙利亚发生内战，局势不稳，于是公司将其撤回北非地区部的埃及做项目支持。项目结束需要留人继续做后期维护保障，于是他便从长期出差变成了常驻。后来马里代表处的电子网和政府网项目有了重大突破，向地区部申请人员驰援项目交付，于是公司便将他从埃及抽调去了马里。结果不到一年碰见马里政变，而后马里和塞内加尔两个代表处合并，人员重组，他又随着代表处迁移到塞内加尔。在塞内加尔没过两年又因为别的项目分别到新塞内加尔代表处辖下的乍得、尼日尔等地常驻。再后来因为在艰苦地区工作时间太长，身心俱疲，于是根据公司针对艰苦地区工作人员的相关政策，调配到爱尔兰工作了两年，就算是休养生息。直到我离开华为，他仍像逐水草而居的游牧人一样，随公司的各种项目，从一个国家走到另一个国家，工作部门也调换了一个又一个，近两年好不容易调换到了离国内近一点的印度研究所，开始他还挺高兴，说终于不需要坐十几个小时的飞机，绕半个地球才能回国了，结果没想到又遇到新冠肺炎疫情，依旧没有回国。

在公司核心的两大部门——销服和研发，这样因为项目被外派的案例不胜枚举。世人只看到华为今日之辉煌，看到华为人晒出的亮眼收入，却很难体会这背后的艰难辛苦。因此华为内部从来没有放松对"艰苦奋斗"的文化熏陶和政策引导，其实就是希望公司的江湖召集令一发，华为人不论年龄大小、不论收入高低，都可以背起行囊就出发，迅速扑向目标。

除了这种因项目需要被外派的人，还有些人外派则是由于自己在职业生涯发展上的意愿。比如我在华为CHR招聘调配部的一位同事。她原本好好地做着社会招聘的工作，后来公司人力资源管理改革，从传统的按专业职能划分模块向采用更贴近业务、更服务于公司战略需要的 HR 三支柱模型的方向改变，因此 CHR 的一些职能岗位被精简重组。她所在的招聘调配部中的同事，要么是拥有国内顶尖院校博士学位的人力资源专家，拥有强悍的理论水平，要么是从海外一线提拔起来的管理者，拥有丰富的一线业务经验，而她论职级没别人高，论专业没别人精，绩效不算糟糕但也完全算不上突出，一线业务经验为零，自然就成为被精简的对象。

对于这样被精简的人员，华为设计了后备资源池作为公司内部人力资源调配的中转站，旨在重新激活公司的内部冗员，减少因管理优化带来的人员离职成本。在华为内部，员工将进入后备资源池戏称为"游泳"，但华为的后备资源池可不是那种无波无澜、温度适应的室内温水池，而是危机四伏的鳄鱼池。游的时间久了就会被吃掉，尽快上岸才会有一线生机，能让职业生涯重开新篇。

平心而论这位同事工作能力并不弱，只是性子过于温吞了些，再加上缺乏一线业务经验，因此在 CHR 的沟通博弈中难免吃瘪。CHR 的工作主要是研究和制订公司的各项人力资源政策和主持人力资源管理改革，需要往下监督政策落地，若无一定的资历、人脉和手腕，很难摆平诸多利益关系。经验和阅历上的短板，让她往往在这样的事务中败下阵来，因此常被领导批评工作推动力不足。其实像她这样知识分子家庭出来的孩子，虽然为人温厚，但内里却讲原则、有底线，为人热情细心，又愿意脚踏实地，如果是做直接为业务人员提供贴身服务、帮业务人员解决痛点的 HRBP，倒是一个不错的选择。

在经历了这场职场变故后，她看清了自己的优劣势，不甘心自己的华为生涯就这么灰溜溜地结束，于是痛定思痛，孤注一掷，主动申请去海外最艰苦的地区做 HRBP。

尽管近年来华为在海外艰苦地区的行政平台日益完善，公司内部也有指令性调配，但毕竟自主愿意去艰苦地区的人还是少，而且艰苦地区也常常留不住人。因此，华为在人力资源政策方面，也对去艰苦地区工作给予了巨大的优惠条件。比如，机关组织调整被刷下来的员工，若主动愿意去海外艰苦地区工作，公司很快会予以安排并给予相应待遇。不管这些员工申请外派是出于什么动机，只要客观上做出了艰苦奋斗的行为，都会被华为所尊重和赞许。在申请外派不久后，她便获得了"上岸"机会，在海外重启了自己的职业生涯。

她后面的发展也证明，海外确实是锻炼人的好地方。在海外代表处，她真诚待人，体察他人难处，具有同理心又踏实肯干，凡事积极寻求双赢的解决办法，这种柔性风格，让她在 HRBP 的岗位上颇受一线同事的欢迎和认可。毕竟 HRBP 工作不同于其他业务岗位，有时以柔克刚，才能事半功倍。过于刻板反而伤人伤己。很快，她在脚踏实地为业务人员服务的过程中，找到了自己的价值感，发挥出了自己全部的能量，两年时间便逆转了她的职场颓势。

对于那些想成为华为管理者的员工来说，这种职业生涯中的"逼迫"将会更显著。在华为，拥有海外经验、一线工作经验，是所有管理者获得提拔的必备条件。正所谓"猛将必发于卒伍，宰相必起于州郡"，如果一个管理者没有经过海外艰苦地区的锻炼，会被认为是不符合公司奋斗者标准的。作为管理者若只想一直在国内工作，会很快遇到升职瓶颈，无论你在国内怎么折腾都很难再进一步。尤其对于中高层管理者，没有海外经验会被认为是一种缺陷。

突破瓶颈的唯一办法就是接受"之"字形发展的路径，调动到海外相应岗位，在海外的环境中"苦其心志，劳其筋骨，饿其体肤，空乏其身，行拂乱其所为，所以动心忍性，增益其所不能"。海外不像国内大机关资源丰富，很多时候一个岗位可能就只有一个人，顶多两三个人，因此每个人都要独当一面，处理各种纷繁复杂的局面和问题。在这样的环境中，要么被打趴下，要么生存下来成为一专多能的复合型人才。这样锤炼出来的管理者，无疑都是极为顽强彪悍的。外派可以说是华为锻炼管理者的"试金石"。

还有些人申请外派则是被公司巨大的收入差给"逼"的。华为的薪酬水平在国内虽然不算低，但若一直在国内干，每年所获得的总薪酬远远低于海外。特别是像HR、财务、法务、采购这样的平台部门，在国内干就只能拿一份死工资，奖金来源非常少。即便是一直被公司投入重金的研发部门，若是在国内研究所供职，其收益也远不如海外同等职位，许多人的年收入也就是国内的中等水平。

再加上国内用钱的地方多，员工经济上往往更觉得压力大。一旦外派，经济压力便会瞬间逆转。

首先，外派后赚钱的来源多了，海外的各种补贴无形中让工资翻了一番，年终奖和项目奖也比国内多出许多。海外不仅项目数量多，而且参与项目的人数也往往低于国内。同样是1000万元的项目，国内是100人的团队完成的，在海外可能就是10人的团队完成。俗话说"人多好办事，人少好过年"，海外做项目时虽然辛苦万分，但因为项目组人少，自然每个参与其中的人，分得的奖金也会比国内多出数倍。

其次，华为在外派行政平台方面的投入，无形中也让员工少了许多生活消费。在海外艰苦地区，房租和水电费便不再是员工需要考虑的问题，由公司全包。吃饭方面，如果是艰苦国家，只要是稍微成熟一些的代表处和5人以上的办事处，都会派专门的厨师经营华为食堂，伙食补贴直接打入食堂账上，员工吃饭完全免费。若是在欧美发达国家，公司则会与公司附近的某家餐厅达成合作协议，员工在餐厅刷华为工卡就餐，公司补贴大部分餐费。这样员工在餐费方面的花销也比国内少了不少。

最后，华为为了安定员工情绪，十分鼓励家属随军。特别是海外艰苦地区，若是有家属随行，还会有额外补贴。不仅会给带家属的员工分配一个带独立卫生间的套间，而且里面的家具、洗衣机、电冰箱、厨具一应俱全。家属在食堂吃饭虽然花钱，但公司有额外的家属餐补，餐费也相当便宜。再加上对于艰苦地区来说，外部没什么娱乐场所，娱乐支出自然少了。没什么地方可以逛街，又少了许多购物支出。这些都让许多外派员工第一次体验到了有钱没处花的寂寞。

赚的钱多，花的钱少，让外派收入一下和在国内工作拉开了差距。看到周围的同事通过外派迅速"鸟枪换炮"，在国内被生活开销压得喘不过气来的年轻人自然也按捺不住心中悸动，愿意去海外拼一把。

上述将华为员工"逼"出海外的原因，有时是单一因素发生作用，有时也会相互交织，相互缠绕。总之，华为人拿到奔赴陌生国度的单程机票登上飞机的那一刹那，或多或少都带着那么些破釜沉舟的心情。这正是华为通过一系列围绕着"以客户为中心，以奋斗者为本"的人力资源机制设计希望达成的效果——让员工即便心怀忐忑，也能迎难而上，向艰苦逆行。

不过对于外派的艰苦，华为人自有一套心灵和解之法。记得在华为心声社区中，有一段留言得到了广泛共鸣："人生无非是一个又一个选择而已。留在家里求安稳、求家庭团圆的，就别眼红人家经历丰富还挣了补助。出来常驻求发展、求银子的，也不要羡慕别人老婆孩子热炕头，还随时可以撸串。人生也不可能日日响晴，瓢泼之下，有人 dancing in the rain，有人临窗听雨，有人凭炉小酌，都很好，谁也不必笑谁傻。求仁得仁，夫复何求，夫复何怨！"

4.2 艰苦岁月也是燃情岁月

虽然外派时光总是和艰苦相伴，但这样的艰苦岁月对许多人来说也是一段燃情岁月。在度过了最初的惶恐不安和环境改变带来的诸多不便后，许多人很快从这种奋斗的过程中体会到一种油然而生的自豪感、成就感和价值感。外派时光，或许令人失去了优越的物质生活条件，但也得到了值得一生珍藏的经历，收获了永不能忘怀的战友情。

就像我前面提到的那位被公司项目驱赶着绕着撒哈拉沙漠转了一圈，现在在印度研究所坚守的兄弟，虽然走过的地方大部分都是不发达的贫穷地区，期间经历过叙利亚内战、马里政变，与各种烈性传染病擦肩而过，但他回首自己走过的路时，却不禁为自己走过那么多一般人只是在新闻中听到的国家，经历过那么多重大项目，看到过那么难得一见的风景而感到人生充实。

通信工程到哪里都是一国的基础建设，关系国计民生。越是落后的地方，这种通信工程给人们生活带来的改变越是明显。他说，在马里时，每次驱车离开首都巴马科到下面的村落中建高塔、建机房，往往一个村子的人都会在酋长的带领下来帮忙挖沟挑土。等机房投入运行、接通信号时，全村的人都会载歌载舞一起庆贺，那种激情飞扬、韵律感极强的非洲舞蹈时常让他心潮澎湃。

由于马里除了首都巴马科和少数城市，绝大部分地区连一根电线杆都看不到，所以华为的机房建在哪里，哪里就是唯一能给手机充电的地方。针对马里当地缺电缺油的问题，华为利用马里一年四季光照时间长的特点，用太阳能光伏板为机房中的设备和空调运转供电。因此每次他下站点巡查时，都会发现机房成了如同祭祀宗庙般的神圣场所。机房的钥匙由酋长贴身保管，只有酋长可以到机房偶尔享受一下空调带来的清凉，一般人要充电，需要按秩序到机房排队等候。正因机房在村庄中的重要地位，每次他去机房检修时都被人热烈地欢迎。而他也在这样的时刻充分体验到了"丰富人们的沟通和生活"这句华为愿景给自己带来的价值感和成就感。

他说，在艰苦地区做项目，下站点通常十天半个月都吃不上一顿像样的饭菜，有时还会被客户骂得狗血喷头，但每当成功解决了客户的通信问题，或让没有信号的地方有了信号，那种来自客户的感谢和当地土著居民的热情会让他由衷地热爱自己的这项事业。他在这种压力和欣喜中"逼"着自己不停奔跑，不停学习，时刻都能感觉到活力满满，同时也获得了十分可观的物质回报。虽然也有支撑不下去不想干的时候，但真让他回国过那种老婆孩子热炕头的安逸生活，他大概反而会觉得无聊。好在妻子一直很支持他，于是他也就在海外继续"游牧"下去了。

除了这种从脚踏实地的工作中得到的收获与成就，外派生涯还会给人带来一段快意人生。而且越是在艰苦的国家，越是外部环境恶劣、内部条件惨淡，内部的兄弟情谊就越真挚浓烈。每当忆起海外生涯，那些艰苦地区中抱团取暖的生活反而最让华为人怀念。每当我回望自己的外派生涯，细数走过的非洲和欧洲的十几个国家和地区，看过的那么多迷人的风景，想念最深的竟然是自然条件、人文条件和生活条件都很原始的马里。

马里白天高温炙烤，只有从撒哈拉滚来的沙尘暴能让太阳小歇一会儿，到了晚上，除了路灯下，整个城市其他地方都是黑黢黢的，没有一丝城市的气息。住的地方，蚂蚁、蜥蜴横行，赶不走也杀不绝。

停电是家常便饭，宿舍没有发电机，热得像蒸笼。于是大家往往会自觉在办公室加班到很晚，等外面的温度凉下来一些才敢回宿舍睡觉。整个首都巴马科没有一家大型商场，没有一家像样的书店，没有一家电影院。很多国内非常寻常的东西，在马里却是稀罕物。比如我曾跑遍了巴马科，竟然没有找到一处可更换手表电池的地方。实在没办法，只能托人把表带回国换。直到后来我换了一款光动能的表才免去了这样的麻烦，毕竟马里这个地方啥都缺，就是不缺阳光。

在吃饭方面，虽然外派了专门的中国厨师来解决大家的一日三餐，但"巧妇难为无米之炊"，本地提供的食材极为有限，有钱也买不到更多的品种，比如水果，马里当地只有杧果和香蕉，国内寻常的苹果、梨子和橙子都是稀罕物，想吃需要到进口食品店去碰运气。当地蔬菜只有生菜和中国农业组种的空心菜，于是一位兄弟在离开马里时，发誓以后一辈子再不吃这两样菜。虽然有条尼日尔河，但几乎没什么水产，即便有，也因当地水产保鲜手段匮乏，吃到的往往只有臭鱼烂虾。

在医疗卫生方面，疟疾如同感冒一样寻常。幸而有中国医疗队驻扎，才让我们中方常驻人员在就医方面稍有保障。

但就是在这样的环境中，代表处各岗位、各工种间的工作，却达到了空前协调。正是因为马里的外部环境太单调，没有什么物欲横流、纸醉金迷，也没有太多可消遣处，对人心的诱惑和干扰少了，大家的心性也变得安定了，少了许多浮躁。由于时常面临停电和物资短缺等生活问题，大家更要抱团取暖、携手共进，来应对生活中的各种烦恼。大家每天一处吃饭，一处工作，彼此宿舍紧挨着，在个人生活上有了更多的交集，工作交流也变成了日常生活的一部分。一起吃个早饭就顺便把今天的工作安排了，上午工作时间大家便在各自的岗位上各忙各的。到了中午食堂开饭，大家聚拢到一起便将上午需要交流沟通的事也顺便交流了，下午上班就可以继续干。到了晚餐时间便是一天的总结会，大家除了交流一天的工作，也附带八卦一下各种新闻和奇闻趣事。晚餐后若是有电又不太忙，一群人便聚在一起，将马里超市里能买到的酒都买回来，在空间较大的宿舍里铺上一张床垫，摊开薯片烤鸡，各自找个舒服的姿势，喝着小酒畅谈人生。若是遇到停电，大家便都聚到有发电机的办公室等电来。既然都坐到办公室了，长夜无聊，便干脆该学习的学习，该讨论的讨论，该解决问题的一起解决。于是乎沟通效率大为提高，大家不仅对代表处的项目目标有了清晰一致的认识，对不同岗位和工种的工作也有了更深的了解。

这样心意相通，默契感自然建立，之后不管是面对来自客户项目的压力，还是来自公司机关和地区部的各种人物的压力，大家都可以自觉配合，一致对外。

说起来也真是很奇怪，明明人人去马里时都有些被"逼"的成分，但离开时却都有万分的眷恋和不舍。回想在马里的岁月，感觉这辈子都没喝过那么多畅快无比的酒，结交过那么多真性情的朋友，以至于出了马里，我也失去了端起酒杯的兴趣。倒不是没有好酒，只是往往端起酒杯，却找不到像在马里一样能畅快痛饮、肝胆相照的兄弟了。

4.3　海外寂寞生活是场带发修行

在海外工作，除了环境上的艰苦，就属寂寞最摧折人心。

比如塞内加尔代表处下属的布基纳法索办事处，常年只有一位兄弟在那里驻扎，一整年都见不到一个中国人，说不了一句中国话。一次开电话会议，这位兄弟说完了正事儿迟迟不肯挂机，拉拉杂杂又说了许多无关紧要的话。大家都忙，想提醒他会议结束了，却被代表拦下，说让他说吧，他在布基纳法索那边太久没人说话了。大家瞬间理解了他。后来每次过年时，我们都会特别热情地邀请他来塞内加尔团聚，吃吃食堂师傅的菜，跟大家说说话。

虽然这个例子属于海外常驻时遇到的比较极端的例子，但工作和生活中的寂寞感或多或少地存在于所有海外常驻人心中。不仅在艰苦国家有寂寞感，就连在传统意义上富庶的欧洲国家，海外常驻员工同样会遇到寂寞感。

在许多当地员工看来，中方员工是一帮极为神秘特殊的存在。他们生活在由办公室、食堂、宿舍组成的封闭圈子里，除了工作，基本不与外界接触。每天都有固定的就餐时间和固定的就餐地点，常常到午夜还聚集在办公室里开会讨论，长年累月与自己的配偶分离，不工作时也足不出户，拿着高薪却依旧生活朴素，一个个都像僧侣般过着纪律严明的寡欲生活。

但事实上，华为人虽然常常孑然一身奔赴海外，平常的生活圈子小，喜欢抱团，但若是你打开他们的生活，你会发现在海外的寂寞时光里，每个人都有一套排遣寂寞的方法。有时，一些人甚至因此开启了一片人生新天地。

比如我认识的一位法国代表处的兄弟，就利用法国超多的假期和欧盟会员国之间的边境互通，在常驻期间跑遍了欧洲各个国家。虽然华为的中方常驻员工周六周日很有可能会开闭门会商讨业务，但毕竟还有空闲的时候。不少人会趁着法国的圣诞节或8月假期回国探亲。但这位兄弟却在别人忙着回家、忙着休息的时候，抓紧时间做旅行计划，背着自己的单反去欧洲各个城市走走看看。走的地方多了，不仅将自己的摄影技术练出来了，还把欧洲旅行的各种经验都总结出来了。再对比国内提供的旅行线路，发现这些旅行线路往往难以让人体验到欧洲最地道的人文风情，于是他看准商机，在欧洲常驻结束后，辞职创业，做起了高端旅行定制，专带那种精品小团。他秉持着华为培养出的"成就客户"的理念，为客户打造全新的欧洲旅行体验，两年时间便打开局面，做得风生水起。

当然，对海外的寂寞能不能擅加利用，也看个人的志趣和适应能力。

相比于国内大城市中五光十色的娱乐生活，海外的相对单调的娱乐休闲会让一些人感到百无聊赖。

记得马里曾来过一个刚入职不久便外派海外的重庆妹子。这位重庆妹子性子活泼，为人大方，能够很好地进行客户交流。结果这个性格外向的妹子到马里待了三个月，将马里能玩的不能玩的地方都玩了三遍，然后就每天反复问我们这些老常驻，到底还有哪些地方好耍。而我们只能无奈地摊手，说这里是巴马科，真没有了。结果这位妹子没被来自客户的压力压垮，却被马里单调无聊的外部环境压垮了，最后离职回国，另谋高就。

但有些人在经历了最初的焦虑不安和生活不便后，反而开始享受这种慢下来的生活节奏，向内寻求心灵的宁静与寄托。外部网络慢得收个邮件都要半小时，有时还信号不好？那就改看书吧！正所谓"闲人出思想，无聊才读书"，海外的日子里许多人都养成了看书的习惯。记得在塞内加尔时，由于经常一停水就是一两个月，于是每到周六周日，大家便会早早地起床，用桶装水简单洗漱后，便带上自己喜欢的书或Kindle奔赴海边，找个自备发电机和饮水系统的度假酒店或餐厅、咖啡馆一坐一天，只因为这些地方有水有电，能让人从从容容地上个厕所、洗个手。凭海临风，风翻书页，世界宁静，浮躁尽除。一位法语客户经理在看烦了网络小说之后，竟趁着去法国出差的机会搬回了一堆法文的工商管理书，参照在法国报考工商管理硕士的要求，自己啃起了书本，最后竟然在法国考上了硕士，拿着在华为赚来的钱继续深造去了。

而对于我来说，最大的收获莫过于刷新了对幸福的定义，我更懂得珍惜当下的生活了。

出国常驻后才发现，要论起生活方便程度和物质丰富程度，现代中国的发展水平已经超过了世界上绝大多数国家。即便是那些老牌的资本主义国家——人们眼中绝对的发达地区西欧和北美，在公共交通、物流和生活物资选择丰富度上也少有能与现在国内大城市比肩的。

在海外生活遇到困难时，往往会分外想念国内的物资丰富、生活方便，领悟到中国这几十年的发展给我们的生活质量带来了多大的改变，于是便由衷地为自己能生于这个伟大时代、生在中国而感到自豪。

> 其实一个人的命运，就掌握在自己手上。生活的评价，是会有误差的，但决不至于黑白颠倒，差之千里。要深信，是太阳总会升起，哪怕暂时还在地平线下。
>
> ——任正非

第5章　告别华为：是痛是爱，讲不出再见

5.1　离职，一场策划多年的离别盛宴

记得做新员工时，我曾问过那位工号382号、在华为已经工作了十几年的导师，我能在华为干多久。没想到，导师自嘲地一笑，回答我说："别说是你，我在华为工作了十几年，每天早上起来都会问自己这个问题：我能在华为干多久？结果倏忽一下就过了这许多年。所以说世事难料，（离开）或许是明天，或许是十几年后，反正时刻准备着，其他就顺其自然吧。"

当时作为刚走出校门的新员工，我不懂导师这种矛盾复杂的心理。但当

自己也成为老员工，经历了多次组织调整、工作地变迁和身边同事的来去聚散，我渐渐懂了。华为就像一列始终奔向远方的高铁，需要不断有人为其提供保养和改进服务，因此沿途会有很多人上车，也会有很多人下车。对华为这列高铁来说，每个人都只是过客。在上车的那一刻，便注定了离开的结局，只是不知道能跟随这辆高铁旅行多久，也不知道以何种方式下车。

华为一直是一个危机感很强、致力于熵减①的组织。从"下一个倒下的会不会是华为"到"不管是个人还是企业，最终都是要死的。我们的努力就是让死晚一点到来，不要过早地夭折"，作为华为的创始人和精神领袖，任总一直在公司内向所有员工频频输送这种向死而生的预警信号，将熵减作为华为的活力之源。

"熵"作为一个源于物理学的概念，常被用于计算系统的混乱程度，进而可用于度量大至宇宙、自然界、国家、社会，小至组织、生命个体的盛衰。熵增就代表功能减弱、人的衰老、组织的懈怠，等等，这些反映出的是功能的丧失。熵减则代表功能的增强，比如组织可以通过建立秩序等实现熵减，从而使功能增强。而组织不断有新成员加入，人不断吸取新知识，不断简化和优化组织的管理流程，就属于"负熵"。

华为创立30多年来，就是通过多劳多得、破格提拔、人员流动、简化管理来打破平衡，促使公司熵减，克服队伍的超稳态、流程冗长、组织臃肿、协同复杂等大企业病，激发活力，持续高速发展的。在这样持续熵减的过程中，公司可以通过一代又一代的新人代替旧人来保持一线的战斗活力，通过引进最好的专家来保持技术的先进性，通过一代又一代从一线成长起的管理者替换旧的管理者来更新管理思维，通过重新分配价值来撬动更大的价值创造。这样不断追求熵减，从企业层面来说是必要的，也是必须的，但这个过

---

① 本节有关熵减的内容 参考了殷志峰发表在"蓝血研究院"公众号的《熵减机制：华为的活力引擎》一文。

程对于员工来说则伴随着痛苦。

作为员工个体，随着年岁的增加，无可避免地需要面对身体机能的衰退、知识体系的老化和各种来自社会和家庭的压力，在长年累月的熵减活动中会越来越感到步履沉重。如果员工的生命状态和心理状态不再能与企业的熵减节奏保持一致、同频跳动，那么不是自己主动脱离华为这列高铁的轨道，开始新生活，就是被华为一浪接一浪的"熵减"活动所淘汰。不管哪种情况都避免不了"离开"这一宿命。

当你与这列高铁挥手告别、分道扬镳后，你在华为这列高铁上的位置会很快被后来上车的人取代，你存在过的痕迹也很快会被抹得只剩下一个作废的工号。但在你心中，在华为这列高铁上的看到的那些风景，经历过的那段激情燃烧的岁月和那些曾经亲密无间的同事、兄弟，都会成为你的精神财富，永留心间。

5.2 主动离职，只为成就更好的自己

员工从华为离职一般分两种情况。第一种是员工在华为工作的过程中发现了自己在其他方面的天赋和才能，想明白了自己想要的是什么，而且在华为赚的钱已足够作为自己转行的启动资金，于是选择独闯天下，开启另一种人生。第二种是员工在长年累月背井离乡的工作中，在工作和生活的双重压力下，对华为文化中的激进部分产生了深深的排斥心理，厌倦了这种折腾不止、居无定所的生活，已无法在赚钱的成就感中找到内心的平静，于是选择离职给自己换种活法。

对于第一种情况，我在关于外派海外的章节中已有所涉及。在海外常驻，被不同的文化氛围和价值观冲击，又正好有相对寂寞孤独的时间，于是最适合审视内心，触发对人生的思考。"我是谁""我从哪里来""将到哪里去"，

这类形而上的问题，在国内往往会被过于繁华喧闹的都市和普遍浮躁紧张的生活所淹没，无暇关照。但在海外，当周围的世界变得简单纯粹，当除了工作你有更多的时间独自遥望星辰大海，这样触及灵魂的根本问题便会引起人内心激烈的震荡。

这就好比在国内只给你提供了 A 选项，你虽然心有不甘，但在只有 A 选项的情况下，也就只能让自己去适应 A 选项。但到了海外，和不同思想观念的人对话沟通，看到不同国家和地区的人的不同生活状态，你会突然发现，原来人生其实还有 B 选项、C 选项，自己完全没有必要在 A 选项中做困兽之斗。于是你开始选择利用那些寂寞时光来向周围试探。

就像我之前提到的那个在欧洲常驻，结果发现了自己在旅行定制和旅拍方面才能的同事，还有那个因寂寞而以书籍为伴，自修工商管理课程并成功到法国进修硕士学位的客户经理，其实都属于这类人，他们同时也给了当时还徘徊在兴趣和工作之间的我深深的震撼。他们可以说是华为的母体中孕育的智者。他们往往通过华为提供的平台和机会，不仅锻炼了自己的能力，更逐步理清了自己想要的是什么，并最终朝自己认定的方向不懈努力。

他们退出华为不是因为厌倦了奋斗，而是找到了自己的内在激情而改变了艰苦奋斗的方向。跳出已熟悉的公司环境，放弃唾手可得的高薪回报，独自架起自己的小舢板，面对未知的未来，何尝不是一种真正的勇敢和开放进取？

不得不说，华为的确是锻炼人的好地方。更多优秀的人才通过华为走向社会其他领域，应该算是华为作为一家有责任感的企业对社会的意外贡献。

当然，相比于第一种情况中的那种斗志昂扬的主动出击，第二种情况下主动从华为离职的人可能在华为的职业发展中确实遇到了一些坎坷，以至于对自己在华为的发展前景以及华为的价值主张产生了怀疑，于是在自己还能掌握主动权时采取行动，起码为自己的生活赢得更多的主动权。

我有一位在一线做客户经理的好友，他离职的原因便是如此。若论业务能力，他应该算是中等偏上水平，而且为人很热心，也很具有服务意识，作风踏实，在日常生活中也是一个很能自得其乐的人。但究其本性而言，他不是那种与天斗其乐无穷，与地斗其乐无穷的人，反而有种温良恭俭让的仁者之风，因此在战斗异常激烈一线客户经理群中，往往很难抢到最好的资源。于是在华为职场中命运多舛，几经沉浮，始终晃荡在中层位置。虽然钱没少挣，但也不得不长年累月地在海外艰苦地区常驻。这样的生活不仅让他身心俱疲，而且也因家中孩子逐渐走向叛逆而导致家庭亮起红灯。由于常年缺少父亲在身边引导，妻子独自一人已经越来越难管束日益长大的儿子。几次三番谈及儿子的教育问题都令他头痛不已。

为了能给儿子创造一个更好的学习环境，让一家人团聚，他一改以往随遇而安的性子，想利用艰苦地区工作员工可优先择岗的政策，为自己在欧洲谋个职位。尽管西欧地区部和东北欧地区部都有"三年换代表处，五年换地区部"的硬性规定，但三年时间刚好可以让儿子在他身边读完高中和预科，上欧洲的大学。本来开始一切进展顺利，欧洲这边从代表处到地区部都已同意接收他，并开始帮他办理欧洲的工作签证，可他的调动却卡在了自己所在的北非地区部。

原因很无奈，北非地区部连续几年绩效垫底，想要离开的人太多，而愿意来北非地区部的人却很少。因此地区部为了阻止人员外泄，又出了一个限制调动的规定，要求不管以往在其他地方常驻了多久，都一律得在北非地区部范围内常驻超过五年才允许调动到较发达的地区部。（结果此令一出，更让人觉得北非地区部就是个坑，绩效差、奖金少，而且很多国家非常艰苦。）而这位老兄的调动便正卡在这个关口。

后来干部部部长找他谈话，说他在艰苦地区干了这么多年确实辛苦，但现在因为没人接他的工作，要不然先调到地区部中心所在地埃及过渡一下，或试试调动到中亚地区部看行不行。可不管是埃及还是中亚,都会让这位老兄的计划泡汤,搞得一段时间里,他都在纠结到底是坚持调欧洲,还是听从干部部部长的建议去埃及。雪上加霜的是,欧洲那边见其迟迟无法调动到位,已经开始频频催促。在海外,哪里都是一个萝卜一个坑,一个岗位不可能长久空窗。在这样的职业困境中,这位老兄便提出离职了。

临别前我问他,不是说再熬三年就能够获得保留华为股票的资格,从华为光荣退休吗,为何现在要急着走呢?他的回答意味深长。他说:"我在到底是去欧洲还是继续留北非的问题上确实纠结了许久,但后来有一天独自散步时顿悟了,其实我所纠结的并不在于调动到哪里,因为之前那么多调动,我早就对调动工作习以为常了。这次之所以这样纠结,是因为调动到欧洲意味着生活方式的改变。而我真正需要做出判断的是,什么才是生命中最需要抓住的事,然后再考虑选择一种怎样的生活方式过我的下半辈子。"

他说,现在更重要的是儿子的成长和教育问题。之前已经错过了许多,他不想因为这三年再继续错过。相比于把儿子弄到欧洲学习,更重要的是他的陪伴和引导。即便是调入欧洲,若还是像现在一样的加班忙碌,他仍然无法有效陪伴儿子。而对他而言,一家人在一起,陪伴儿子最关键的这三年才是最重要的。至于说钱嘛,哪里有挣得够的时候呢?反正自己手上已经有好几套房,可以出租赚租金。尽管无法保留公司的股票年年吃红利,但离职时公司将手中的股权份额回购后也是一笔不小的数额,足以作为家庭基金,再做点投资理财。何况他本来就是成都人,早就打算从华为退休后离开深圳,回成都定居,现在不过是计划提前了。成都的消费没有深圳那么高,手上的钱省着点花,在成都也足够衣食无忧。

像这位同事一样,因家庭和事业的矛盾而选择放弃华为的高薪,转而以一种低耗散的生活方式的人,我在离开华为去大理、丽江游历时还偶遇了好几位。他们进入华为时,也曾一贫如洗,为改变自己家庭的生存状态而努力,也曾随着公司的号角和指令征战四方。他们即便在华为工作表现平凡，也在公司获得了价值感和成就感，但人的崩溃往往在于回头的那一瞬。他们突然发现，财富状况的改善并没有让他们得到想要的幸福，反而让他们失落了生命中更重要的东西。毕竟在华为的这份工作时间再长，终究不是自己的归宿。于是他们趁着工作有余力，血有余温，开始追求心灵的方向。当然，当他们过上在外人看来逍遥快活的日子时，仍免不了时常忆起在华为的那段激情飞扬的峥嵘岁月，免不了想念在华为分奖金的兴奋感，但离开华为他们也心态平和、落子无悔。

5.3 为了更好的生活，请忘记华为

华为是个有意思的地方。刚开始时，你或许会对其管理有诸多意见，会觉得被各种考核和激励赶着向前跑很累，会忍不住偷窥外面世界的美好，向往外面世界的精彩。可完全适应华为的思维、华为的节奏和华为的各种平台和流程后，外面的喧嚣就会渐渐远去，华为成了整个生活的轴心，自己的一切都围绕着它在旋转。而当你交还工卡走出华为这扇门，外面世界的气息重新扑面而来时，你却会发现自己反而有点不自在了。不管是工作还是生活，都需要重新调整节奏，对华为以外的生活方式和价值取向也需要重新适应。若要把离开华为后的日子过得精彩，更需要学会适当地忘记华为。

为什么要忘记？

首先，华为会先忘记你。从提交离职电子流开始，你在华为工作的痕迹便在一步步地被抹去。

上下游的相关人员会催着你交出和他们工作相关的文档。与你进行工作交接的人会要求你尽可能地把各种工作文档都发给他，并找你一一确认有无历史遗留问题。业务主管会要求你将所有关键文件都归档进部门的服务器内。

接着信息安全员会检查你的信息安全记录，看你有无信息安全违规。资产管理员会要求你拿着他提供的资产清单，逐一清点你名下的资产状况。若有损坏或丢失，则需要进行估价赔偿。你平常使用惯了的便携设备，如果是新的，需要连同里面的所有文件一并交还给公司的资产管理员。若是已经使用了3年及以上，电脑可以留下，但需要送到公司IT人员那里，将里面所有的文件文档通通清空。当你拿回这台陪你走南闯北，装着满满回忆的电脑时，往日熟悉的界面没有了，熟悉的软件只剩下最基本的office，所有的文档都已不复存在。随着电脑的清零，往日的工作成果也就被公司清零了。

然后你交回工卡，从此再也走不进那扇你天天往返穿梭的门。突然间你会发现自己与门内那些依然匆忙的身影之间隔了一道天河。这时的你，除了头脑中的回忆和眼角的皱纹，和来华为时一样，赤手空拳。你的电脑、你的成功，甚至你的工作照片、你撰写的案例等，统统留在了华为。而你的名字将在部门人员的不断更新换代中被快速遗忘，你的工作成就也会随着华为的不断向前发展而逐渐变成历史。

曾有人建议任总在华为建立一个纪念馆，将华为最早一代交换机放进去，作为纪念。但任总坚决否决了这个提议，因为他更希望华为是家永远面向未来、向前看的公司，而不要被过去的历史所牵绊。在华为时，华为要求你时刻更新自己，跳出舒适区。离开华为，华为用这样的离职流程抹掉你在公司的曾经，那你最好也看向未来，从此山高路远，与华为相忘于江湖。

其次，在华为的一切过往既是荣耀，也是羁绊，既是资本，也是束缚。时刻记住华为的过往，什么都不自觉地和华为做比较，将无益于你融入新生活和新工作。

不得不承认，华为在坚定不移地向西方学习优秀管理经验方面，确实比国内许多企业做得更彻底，走得更远。这给从华为离开的员工带来了一利一弊。

其利在于，由于华为的企业标杆作用，国内许多企业的经营者都对有华为工作经验的人格外青睐。有了华为的金字招牌，华为的离职员工出去相对比较好找工作。也就是说，只要不太挑剔，从华为出来后，混口饭吃绝对没问题。

其弊在于，在华为长时间工作后很难不挑剔其他公司在管理上的问题。一些华为人习以为常的工作流程和管理方式，在其他企业那儿可能还处于混乱探索阶段，在很多企业中找不到像华为那样清晰的岗位定义和充分的流程支持及周边配合。进入其他公司的华为人可能这时才发现，离开华为提供的平台，自己在职场上几乎寸步难行。

在华为时，越是一线，越可以丢开一切包袱往前冲，因为后面会有很多你可能从未谋面的人为你提供各种支撑和服务，让你在冲锋时有充足的弹药和强大的组织后勤保障，为你免除后顾之忧。一旦进入其他公司，少了这些相关资源及周边配合，会让人顿时产生一种有劲使不上，处处不方便之感。

另外，许多企业在薪酬和激励方面也远做不到华为那样目标明确、赏罚分明，奖金多少的评判标准往往不是绩效成绩（因为有些公司几乎谈不上有效的绩效管理），而是老板的心情。

最后，也是最关键的一点原因是，华为的发展太快，作为普通员工，即便是在华为这列高铁上工作，尚且会有不同频的时候，何况下了这趟高铁之后呢？不忘记曾经的华为，就意味着你在刻舟求剑。若与不同时期离职的华为员工聊天，你会发现，每个人心中对华为都会有不一样的认识，因此很有必要忘记自己在华为的种种，不断刷新对华为的种种认识。

所以，忘记华为代表着一种谦逊，也代表着真正将在华为学到的职业素养和方法论与具体实践相结合。忘记了华为的种种，才能更好地生存。只有忘记过去在华为的辉煌、华为的平台、华为的高报酬，才有可能在新工作、新环境中走到自己的新高度。

尾声：
永不停歇，永无止境

2019 年，任总在接受外媒采访时曾说，其实华为一直是家低调的公司，过去我们就像一只沉默的羔羊，无论别人说我们什么，我们都不会回答。我们把大量精力用于把内部管理做好，把产品做好，把服务做好，让客户能理解我们，接受我们。的确，现在任何人谈起华为，没人会否认这是一家伟大的公司。或许正因其神秘和强大，才让现在许多企业管理者都希望通过各种渠道了解华为、学习华为，以期获得像华为一样非凡的能量和成就。我也正是在许多朋友的询问和鼓励下，才下决心写下这本书的。

但正所谓"兵无常势，水无常形"，关于华为的人力资源管理，即便是市面上再权威的书籍，恐怕在它成书之日便与华为最新的人力资源管理政策和制度有了不小的差距。原因很简单，华为企业管理从来不是一个静态的存在，而是一个不断积累、不断深化、从未停止的过程。可以说，永不停歇、永无止境的变革才是华为唯一不变的永恒。

我进入华为时，华为已经度过了最初创业的艰难岁月，野蛮生长时代的传奇已经远去，内部的管理流程和 IT 系统基本完善，而今，不管是华为 5G 技术的研发、海思的芯片设计制造工作，还是人力资源各项管理制度和工具模块的打造中，一大批后起之秀已取代第一代老员工，成为华为的中坚力量。对于这样一个向着未来一路狂飙的华为，谁妄图全景式地展现它的样子都是不现实的。因此，本书中所述的不过是华为发展中的某一阶段的状态，既不代表华为所有的过去，也不代表其完整的现在，而对于将来，谁都无法预知。

面对这个已经脱模成型的特大型公司和其庞大精密的人力资源体系时，我没有凭一己之力描述华为人力资源管理全貌的企图。我只是作为一个在华为人力资源体系中工作多年的 HR，作为华为"以客户为中心，以奋斗者为本"的人力资源政策的执行者和受惠者，对每项人力资源政策在华为奋斗者们的身上产生的影响，拥有更多直观的体悟。特别是在离开华为的这段时间，游走于许多公司和企业经营者之中，我更深刻地感受到，许多公司学华为学得不像，正是因为少了员工发自内心的参与和投入。如果一家公司的发展没有员工的共同参与，一个人力资源政策得不到员工积极的反馈和响应，即便是再先进、再科学的管理体系，也无法帮助企业走向辉煌。而华为的人力资源管理之所以能有如此惊人的效果，正是因其最大限度地调动了员工的参与与合作。

正因如此，我将更多的笔墨放在了华为人身上，希望从我在华为所从事的招聘、绩效、激励、文化氛围建设、职业发展等方面，展示华为"奋斗者"三个字对员工的巨大塑造作用。由此让华为以外的人明白，华为之所以能成就今天的辉煌，离不开一群将"奋斗"刻写进生命的华为员工。

尽管时代在变，华为人换了一拨又一拨，华为的人力资源管理也不断迭代更新，但"以客户为中心，以奋斗者为本"的思想核心却从未更改。不管华为的员工如何更迭，凡来过华为的人，都会在这种奋斗文化中被激发和改变。而华为也将在全体员工的共同奋斗中持续输出强大的动力，攻坚克难，永攀高峰。

现在，当我回忆起华为的岁月时，我可以这样形容它：一个人，从一个随波逐流、安逸无争的世界走进一家奋斗的公司，然后就成为一个终生的奋斗者。

参考文献

[1] 黄卫伟.以奋斗者为本:华为公司人力资源管理纲要[M].北京:中信出版社,2014.

[2] 杨爱国.华为奋斗密码[M].北京:机械工业出版社,2019.

[3] 田涛,殷志峰.华为系列故事之厚积薄发[M].北京:生活·读书·新知三联书店,2017.

[4] 田涛,殷志峰.华为系列故事之枪林弹雨中成长[M].北京:生活·读书·新知三联书店,2017.

[5] 唐岛渔夫.华为生存密码[M].北京:中国致公出版社,2020.

[6] 刘世英,彭征明.华为教父任正非[M].北京:中信出版社,2008.

[7] 吴建国,冀勇庆.华为的世界[M].北京:中信出版社,2006.

[8] [美]西蒙.管理行为[M].北京:机械工业出版社,2004.